W0066019

Liebe Carmen!

Mein wunderbares Gartenbuch

haben wir für dich ausgesucht
um dein Gartenprojekt zu unterstützen.!
Du hast mir "damals" das Rama-Buch
geschenkt, mit dem ich so viel Freude hatte
und mit dem Gartenbuch hat die Bauchmaus
nun in weiterem Sinne auch etwas davon.!

Viel Spaß beim Schmökern
und Gestalten und später Genießen
wünscht dir deine Andrea

Möwengasse, 27. Mai 2011

Constanze Guhr, geb. 1975, wuchs in Leipzig, der Stadt
mit den ersten Schrebergärten, auf. Sie studierte in Berlin
an der HdK (heute UdK) Kunstpädagogik bei f.w. bern-
stein. Seit sie mit ihrer Familie am Rand von Berlin wohnt,
interessiert sie sich für alles Grüne. In die Stadt fährt sie
trotzdem jeden Tag, um im Atelier petit4 für verschiedene
Verlage und Zeitschriften zu illustrieren und zu gestalten.
www.constanzeguhr.de

Copyright © 2011 Gerstenberg Verlag, Hildesheim
Alle Rechte vorbehalten
Gesamtgestaltung, Illustration und Texte: Constanze Guhr
Fachliche Betreuung: Dr. Coralie Wink
Druck bei Tlačiarne BB, Banská Bystrica
Printed in the Slovak Republic

www.gerstenbergverlag.de

ISBN 978-3-8369-2641-6

Mein wunderbares Gartenbuch

Über 100 Ideen für mehr Gartengenuss

Text und Gestaltung
von Constanze Guhr

GERSTENBERG

Sinnlich

Herzlich willkommen im Paradiesgarten

Sind Sie neu hier?

Haben Sie Lust auf einen schönen Garten, wollen Sie wissen, wie man mit einfachen Mitteln ein Gartenparadies erschaffen kann, fehlen Ihnen noch ein paar Gestaltungsideen, oder wollten Sie schon immer wissen, welche Schmetterlinge es gibt und wie man sie in den Garten lockt?

Dann sind Sie hier richtig.

Dieses Buch kann Ihnen nicht komplett erklären, wie Sie zum besten Gärtner aller Zeiten werden oder wie Ihnen garantiert der Anbau von Ardisia gelingt, aber es soll Ihnen Lust machen, mit der Gestaltung des eigenen Gartens zu beginnen.

Vieles, was sich am Anfang einfach umsetzen lässt, was schnell zu einem Erfolg führt und was Spaß macht, finden Sie in diesem Buch.

Als ich mit dem Schreiben und Gestalten dieses Buches begann, fiel mir auf, dass die wenigsten meiner Freunde und Bekannten noch wissen, welche Vögel oder Schmetterlinge wie aussehen oder wie einfach es ist, Erdbeermarmelade zu kochen.

Trotzdem interessieren sich immer mehr Menschen wieder für die Natur, planen, einen eigenen Garten zu kaufen, oder legen am Baum vorm Mietshaus einen Minivorgarten an.

Also möchte ich Sie ermutigen, es ihnen gleichzutun.

Ich habe hier 100 Ideen versammelt, was man alles im Garten tun kann. Es sind entspannende, leckere, elegante, einfache, gemütliche und naturnahe Vorschläge.

Denn eines liegt mir besonders am Herzen: Im Einklang mit der Natur können Sie etwas für sich tun. Sie haben weniger Arbeit, wenn Sie fünfe gerade sein lassen, es kommen mehr Vögel und Schmetterlinge bei Ihnen vorbei; sie können besser entspannen, gesünderes Obst und Gemüse ernten, und die Umwelt wird dabei geschützt.

Und wenn Ihnen meine Tipps und Ideen nicht reichen, habe ich auch noch ein paar Empfehlungen für Sie; wie man es noch besser machen kann und zum Profigärtner wird.

Aber zuerst wünsche ich Ihnen viel Spaß beim Beginnen.

Mein wunderbares Gartenbuch   *Inhalt*

Vorwort

Anfangen im Garten

1. Einen Garten besorgen
2. Planung
3. Ein Gartentagebuch führen

Blumen im Garten

4. Blaue Stunde im Beet
5. Sonnenbeet für Vergessliche
6. Giftige Pflanzen kennen
7. Wildblumenwiese
8. Schmetterlinge bestimmen
9. Poesiealbum
10. Leckere Blüten
11. Duftendes Blumenpotpourri
12. Ein eigenes Herbarium anlegen
13. Gänseblümchen entdecken
14. Löwenzahn genießen
15. Heilende Blumen
16. Seife selber machen
17. Frühlingslieder singen
18. Frühlingswiese vorbereiten

Gemüse im Garten

19. Gemüsezeitplan
20. Möhren neben Zwiebeln pflanzen
21. Radieschen neben Kresse pflanzen
22. Unbekannte Gemüsesorten ausprobieren
23. Rezept: Pastinakencremesuppe
24. Zucchini anbauen
25. Rezept: Gefüllte Zucchini

100 Ideen für mehr Gartengenuss *Inhalt*

26. Gemüseschilder bauen
27. Gewächshaus aus alten Fenstern bauen

Kräuter im Garten

28. Kräuter kennenlernen
29. Küchenkräuter sind Heilkräuter
30. Rezept: Kräuteröl
31. Rezept: Pesto
32. Rezept: Frühstückstee
33. Rezept: Kräuterbutter
34. Lavendelkissen
35. Kräuterspirale
36. Kräuter trocknen
37. Kräutersalz

Obst im Garten

38. Einen alten Obstbaum erhalten
39. Kirschblütenfest
40. Erdbeeren anbauen
41. Rezept: Rote Grütze
42. Rezept: Erdbeerbowle
43. Rezept: Erdbeerkonfitüre
44. Kirschkernweitspucken
45. Kirschlied und Kirschgedicht
46. Rezept: Holundersirup
47. Marmeladenetiketten
48. Likör selber machen

Kinder im Garten

49. Geburtstagsfeier
50. Schneckenwettrennen
51. Den Tagesablauf der kleinen Hexe nachmachen

100 Ideen für mehr Gartengenuss *Inhalt*

52. Rezept: Apfel-Möhren-Salat
53. Stadt-Land-Fluß spielen, aber anders
54. Kinderlieder singen und Sprüche aufsagen
55. Eine Vogelscheuche bauen
56. Teelichtlampe basteln
57. Lustige Pflanzgefäße finden

Essen im Garten

58. Andere Gärten kennenlernen
59. Die Nachbarn kennenlernen
60. Überschüssige Ernte verschenken
61. Nachbarschaftstausch
62. Picknick
63. Rezept: Grüne Pfannkuchen mit Frischkäsefüllung
64. Rezept: Lammhackbällchen mit Minze
65. Rezept: Baguettes mit Knoblauchkäse
66. Auf den Garten aufpassen
67. Grillen im Eimer

68. Rezepte für Marinade

Arbeiten im Garten

69. Rasen richtig bewässern
70. Eine schönere Gießkanne
71. Wasser sparen
72. Rasenkur
73. Laubharkwettkampf
74. Einen Komposthaufen anlegen
75. Eleganter Komposthaufen
76. Gartengeräte
77. Die Nützlichkeit von Unkraut kennenlernen
78. Natürlicher Dünger: Pflanzenjauche

100 Ideen für mehr Gartengenuss *Inhalt*

Schöner leben im Garten

79. Den Zaun bunt anstreichen
80. Zaunsammlung
81. Mode im Garten für die Frau
82. Laternen und Fackeln aufstellen
83. Eine Hängematte aufhängen
84. Einen Abendsitzplatz gestalten
85. Mode im Garten für den Mann
86. Herbstlieder singen
87. Buchstabenschablonen
88. Einen Baumschneidekurs besuchen!
89. Winter im Garten

Tiere im Garten

90. Tiere beobachten
    Schädlingsbekämpfung auf natürliche Art
91. Schmierseifenwasser
92. Brennesselwasser
93. Mehlkleister gegen Spinnmilben
94. Schachtelhalmtee gegen Pilzerkrankungen
95. Ameisen umsiedeln
96. Einen Maulwurf akzeptieren
97. Die wichtigsten Singvögel
98. Eine Sonnenblume als Vogelfutter
99. Vogelfutter selbst gemacht
100. Nistkastenbau
101. Vogeltränke
102. Marienkäfer

Anhang

Internet- und Buchempfehlungen
Danksagung

9

5

4

7

ohl. 4 Braunkohl. 5 Kohl

Anfangen im Garten

1. Einen Garten besorgen

Sie haben sicher schon gehört, dass ein Garten ein wunderbarer Ausgleich zum stressigen Büroalltag oder zum anstrengenden Leben in der Stadt ist.

Ist es nicht eine wunderbare Vorstellung …

… im eigenen Garten zu sitzen, Vogelgezwitscher und bunte Blumen streicheln die Seele, und Sie genießen das eigene Obst als Kuchen oder Marmelade …

… sich nach der Arbeit von der Natur verwöhnen zu lassen und mit Freunden ein gelungenes Picknick im Garten zu erleben …

… in einer schattigen Hängematte durch die Blätter eines Baumes in die Sonne zu blinzeln oder zu sehen, welche Vögel oder Schmetterlinge Ihnen einen Besuch abstatten …

Fragen Sie im Bekanntenkreis, der Nachbarschaft oder bei der Stadt- bzw. Gemeindeverwaltung nach Gartenvereinen oder nach anderen Möglichkeiten, an Gartenland heranzukommen.

Vielleicht können Sie einen schon bestehenden Garten übernehmen, vielleicht besorgen Sie sich ein Stück Grabeland – oder vielleicht haben Sie ja sogar schon einen kleinen (oder sogar großen) Garten hinterm Haus, dem Sie sich endlich einmal widmen möchten.

Man muss nicht erst sterben, um ins Paradies zu kommen,
solange man einen Garten hat.

Persisches Sprichwort

2. Planung

Bevor Sie Ihren Garten anlegen, überlegen Sie sich genau, was Sie dort tun wollen.

* Was gibt es schon, das Ihnen erhaltenswert scheint? Haben Sie vielleicht einen alten Baum mit einer fast ausgestorbenen Obstsorte? Den sollten Sie unbedingt erhalten, es gibt nicht mehr viele davon.

* Wie viel Platz haben Sie?

* Wollen Sie Rasen, Blumen, Schmetterlinge, Vögel, Obst oder Gemüse?

* Welche Pflanzen und Blumen mögen Sie?

* Wollen Sie es lieber pflegeleicht, oder haben Sie genügend Zeit für intensive Pflege?

* Wollen und können Sie Selbstgeerntetes verarbeiten?

* Bekommen Sie gern Besuch?

* Wo wollen Sie sitzen? Lieben Sie es eher schattig oder sonnig?

* Haben Sie Kinder? Gibt es Platz für einen Sandkasten oder eine Schaukel im Baum?

* Verstehen Sie sich gut mit Ihren Nachbarn, oder wollen Sie lieber für sich sein (davon hängt die Wahl des Zaunes oder der Hecke ab)?

Also überlegen Sie
in Ruhe, was Sie
wollen, machen Sie
sich Notizen oder
zeichnen Sie sich
etwas auf!

3. Ein Gartentagebuch führen

Legen Sie sich ein Gartentagebuch an.
Schreiben Sie auf, was in Ihrem Garten wächst:
Was haben Sie wohin gesät oder gepflanzt? Welche
Blumen haben wann geblüht? Haben Sie gut geblüht
oder nicht? Wie war das Wetter?
So können Sie später nachschauen, an welcher Stelle Sie
bestimmte Stauden stehen haben, wenn diese verblüht
sind und Sie sie nicht mehr erkennen.
Oder Sie wissen im nächsten Jahr noch, welche Pflanzen
in Ihrem Garten besonders gut gedeihen und schöne
Blüten hervorbringen?
Im Laufe der Jahre kann so Ihr eigenes Nachschlagewerk
entstehen.

(285) 425 8

1000 Stck. hh DIN A 5 EVP 17.00 M

(285) 425 8

Blumen im Garten

4. Blaue Stunde im Beet

Gestalten Sie ein bezauberndes Beet, bei dem
Sie nur blau und violett blühende Blumen und
Stauden verwenden. Beachten Sie dabei einige
gestalterische Aspekte: Kombinieren Sie hohe
und niedrige Pflanzen so, dass die kleinen im
Vordergrund und die großen dahinter stehen.
Achten Sie auch auf ein ausgewogenes Verhältnis
von kleinen und großen Blüten und natürlich
auf die Blütezeit. Astern und Dahlien blühen
am längsten. Wählen Sie den Platz für Ihr Blau-
blumenbeet so, dass es richtig schön zur Geltung
kommt, etwa vor einer hellen Wand oder als
Kreisbeet in einer Wiese.

Blaue Blumen:
Kornblume
Wegwarte
Rittersporn
Hortensie
Stiefmütterchen
Clematis
Borretsch
Veilchen
Wegwarte

5· Sonnenbeet für Vergessliche

Vergessen Sie manchmal zu gießen, oder schaffen Sie es nicht jeden Tag in den Garten?

Bei diesem Beet brauchen Sie sich ums Gießen fast nicht zu kümmern. Es werden nur Pflanzen ausgewählt, die Hitze vertragen und mit wenig Wasser auskommen. Das sind vor allem mediterrane Kräuter, wie Lavendel, Salbei, Rosmarin und Thymian, aber auch Gewächse mit dicken fleischigen Blättern, wie Fetthenne, Hauswurze oder Leinkraut und Spornblume. Es eignen sich aber auch alle Arten von Gräsern und Ziergräsern. Alle diese Pflanzen können Sie auch im Topf auf dem Balkon problemlos der Sonne aussetzen. Schützen Sie die Erde zusätzlich vor dem Austrocknen, in dem Sie sie mit Kieselsteinen abdecken. Hier sind sogar helle Plastiktöpfe mal vorteilhaft, weil sich die Feuchtigkeit in ihnen besser hält. Grundsätzlich trocknen Töpfe jedoch schneller aus als ein Beet.

Lehnen Sie sich zurück und genießen Sie ihr Sonnenbeet – und bitte, gießen Sie lieber doch einmal pro Woche.

Lavendel

Buntschopfsalbei

Fetthenne

Spornblume

Sommer-Garten-Salbei

Zinnie

6. Giftige Pflanzen kennen

Um niemanden zu gefährden, sollten Sie lernen, welche giftigen Pflanzen es gibt, und auf deren Anbau lieber verzichten. Besonders giftig sind Stechpalme, Seidelbast, Pfaffenhütchen, Goldregen, Herbstzeitlose und Tollkirsche sowie blauer Eisenhut. Kleines Ratespiel: Welche der abgebildeten Pflanzen sind nicht giftig? (Auflösung gibts im Anhang)

7. Wildblumenwiese

Wenn Sie Schmetterlinge und Hummeln lieben, brauchen Sie eine Wildblumenwiese, die durchaus auch Brennnesseln enthalten darf. Wussten Sie, dass rund einhundert Tiere nur existieren können, wenn es Brennnesseln gibt? Die Schmetterlingsraupen vom Tagpfauenauge, Kleinem Fuchs und Admiral leben ausschließlich von Brennnesseln. Wildblumen lieben nährstoffarmen Boden und wachsen deshalb am liebsten an ungedüngten Plätzen. Sie können auch Sand oder Kies in den Boden einarbeiten.
Am besten beginnt man im Frühjahr oder Herbst an einer ausgewählten Stelle im Garten. Eine Wildblumenwiese ist außerordentlich pflegeleicht: Sie brauchen sie nur zweimal im Jahr zu mähen.
Die bekanntesten Wildblumen, die sich auch zu schönen Sommersträußen kombinieren lassen:

Giersch
(Vorsicht: Giersch breitet sich rasend schnell aus und kann anderen Pflanzen Licht und Platz wegnehmen, aber er ist auch essbar, er schmeckt wie Spinat)

Huflattich
Kornblume
Mohn
Schafgarbe
Nachtkerze
Kamille
Ochsenzunge
Johanniskraut
wilde Möhre
Rainfarn (Soldatenknopf)
Flockenblume

Flockenblume

Beifuß

Rainfarn

wilde Möhre

Wiesenrispengras

Schafgarbe

8. Schmetterlinge bestimmen

Großer Fuchs

Distelfalter

Tagpfauenauge

Schwalbenschwanz

Zitronenfalter männl. und weibl.

Sommer-Landkärtchen männl. und weibl.

Gemeiner Scheckenfalter

Beobachten Sie Ihre Wildblumen und lernen Sie die wichtigsten Schmetterlinge kennen.

Großer Eisvogel

Admiral

Trauermantel

Schwarzfleck-Bläuling

Kohlweißling

Rübenweißling

Mauerfuchs

Hauhechel-Bläuling

Mittel-Wegerichfalter

9. Poesiealbum

Erinnern Sie sich noch an diese Alben, in denen sich Ihre Klassenkameraden mit kitschigen Sinnsprüchen verewigt haben? Dekoriert mit Lackbildchen und Aufklebern?
Lassen Sie diese Tradition wiederaufleben und schreiben Sie in ein schönes, kleines Buch alle Blumensprüche, die Ihnen über den Weg laufen. Sie dürfen auch Glitzerbildchen benutzen.

So wie die Rosen blühn,
so blühe stets dein Glück.
Und wenn du Rosen siehst,
so denk an mich zurück.

Ein Körbchen voll Rosen,
zwei Täubchen dazu,
das Liebste von allen
bist nur Du.

Immer durch Rosen kannst du nicht wandeln,
immer nur Freude birgt nicht das Leben.
Strahlt dir die Sonne, so wärme auch andere,
dass sie im Unglück auch Sonne dir geben.

Unter Rosen soll dein Le... fließen
wie ein sanfter Ba...,
und der Himmel möge geben,
was dein Herz nur wünschen mag.

...Rosen und Narziss...
...ße stets... ein Leb...
...heit sei d... Bl...
...d deine Fü...

Liebe ..., sei so...
und werde niema... betrau.
Vor der Hoch... ...Rosen,
nach der H... ...Hosen.

Drei Rosen hab ich in der Hand,
die send ich dir aus fernem Land.
Die erste ist das Wohlergehn,
die zweite ist das Wiedersehn,
die dritte ist, die freundlich spricht,
vergiss deine Freundin … nicht.

Rot sind die Rosen,
grün ist der Kakadu,
süß ist der Zucker,
und süß bist auch Du!

Freue dich, hab frohen Mut,
da zwischen den Dornen
auch Rosen hervorbrechen.

Ich wollt ein Kränzlein binden,
da kam die dunkle Nacht.
Nur Rosen konnt ich finden,
die hab ich dir gebracht.

Dir steht das Leben offen,
mögst du auf Rosen stehn,
mir bleibet nur ein Hoffen
auf frohes Wiedersehn.

Drei Rosen hab ich in der Hand,
die send ich dir aus fernem Land.
Die erste ist das Wohlergehn,
die zweite ist das Wiedersehn,
die dritte ist, die freundlich spricht,
vergiss deine Freundin … nicht.

Unter Rosen und Narzissen
fließe stets dein Leben hin,
Weisheit sei dein Ruhekissen,
Tugend de   in.

Deinem Leben
d keine Dornen gebe

Drei Rosen im Korb
drei Tulpen dazu,
die schönste der Blumen
liebes Mädchen, bist D

Ringelblume

Borretsch

Lavendel

Gänseblümchen   Thymian

10. Leckere Blüten

Viele Blüten sind essbar und verfeinern den Speiseplan. Streuen Sie Borretsch über Suppen oder Ringelblumenblüten über Salat – sofort haben Sie den Sommer eingefangen, und das Auge isst mit. Kochen Sie Gänseblümchensirup oder braten Sie Lavendelblüten an. Folgende Blüten aus dem eigenen Garten kann man essen, wenn sie nicht gespritzt sind:

Oregano

Vergissmeinnicht
Stiefmütterchen
Ringelblumen
Rosenblätter
Malven
Gänseblümchen
Kornblumen
Veilchen
Kapuzinerkresse
Blüten von Kräutern wie
Borretsch oder Thymian

11. Duftendes Blumenpotpourri

Holen Sie sich den Duft des Sommers ins Haus, indem Sie getrocknete Blüten von Lavendel, Rose, Salbei, Kamille, Oregano, Zitronenmelisse und Ringelblumen zusammen mit etwas Veilchenwurzelpulver aus der Apotheke zum Fixieren in ein großes verschließbares Porzellangefäß geben und vorsichtig mit beiden Händen durchmischen. Sie können den Mix auch mit ätherischen Ölen wie Lavendelöl verstärken (nur hundertprozentiges Naturöl verwenden), danach lassen Sie die Mischung vier bis sechs Wochen reifen. In einem Glasgefäß oder einer Schale sehen die getrockneten Blüten besonders ansprechend aus, und wenn der schöne Geruch nachlässt, kann man die Blätter etwas mit der Hand zerreiben, dann wird neuer Duft freigesetzt.

12. Ein eigenes Herbarium anlegen

Ein Herbarium ist eine hübsche Möglichkeit, Pflanzen zu sammeln und zu erhalten. Viele berühmte Frauen hatten auch ein Herbarium, zum Beispiel Rosa Luxemburg. Sammeln Sie gut erhaltene Exemplare einer Blume oder eines Krautes und legen Sie diese möglichst gleich nach dem Pflücken zwischen Löschpapier oder Zeitung in ein altes und dickes Buch; am besten ein Telefonbuch. Wenn Sie das Buch richtig beschweren (je schwerer, desto besser ist das Ergebnis), sind die Pflanzen nach einigen Wochen getrocknet und können auf Papier geklebt werden. Wichtig ist, dass Sie die Blüten vor dem Pressen auffalten. Sie können die gepressten Blumen auch zum Verzieren auf Karten oder Gläser kleben.

Weinraute

Pfingstnelke

Ysop

13. Gänseblümchen entdecken

Gänseblümchen finden sich auf jeder Wiese. Sie eignen sich hervorragend als Salatzugabe und sind auch ein Mittel gegen Appetitlosigkeit, gegen festsitzenden Husten, zur Unterstützung der Hautreinigung und Entschlackung. Den Tee macht man aus 2 Teelöffeln voll Gänseblümchen, die mit einer Tasse kochendem Wasser übergoßen werden. Nach 10 Min. abgießen und schluckweise trinken. Außerdem kann man schöne Blütenkränze aus den Blümchen binden. Dafür nimmt man ca 3 langstielige Blüten, legt dicht unter den Köpfen 3 weitere Blüten an und wickelt deren Stängel um die ersten Blüten herum, immer wieder, bis der Kranz lang genug ist. Die restlichen Stängel mit Faden oder Grashalm so an das Kopfende binden, dass ein lückenloser Kranz entsteht.

14. Löwenzahn genießen

Löwenzahn-Melonen-Salat für vier Personen

* Eine Schüssel voll Löwenzahnblätter waschen (dunkle Blätter aussortieren, große Blätter zerkleinern).
* 1 Honigmelone in kleine Würfel schneiden,
* 200 g luftgetrockneten Schinken in Streifen reißen,
* 2 Stück Mozzarella in Stücke schneiden, alles vermischen und auf vier Tellern anrichten.
* Aus etwas Öl, dem Saft einer halben Zitrone, Salz, Pfeffer und Thymian ein Dressing anrühren und über den Salat gießen,
* evtl. mit gehobeltem Parmesan bestreuen.

(Einen ähnlichen Salat können Sie auch aus Rucola und eingekochten Pfirsichen oder frischer Mango, Ziegenkäse und Schinken zubereiten.)

15. Heilende Blumen

Wussten Sie, wie viel Heilkraft in vielen Garten- und Wildblumen steckt? Sie haben oft eine erstaunlich vielseitige Wirkung. Zum Beispiel:

RINGELBLUME: hemmt Entzündungen, Bakterien und Pilze. Für Kompressen 1 TL Blütenblätter mit einer Tasse kochendem Wasser übergießen und nach 10 Min. die Kompresse damit tränken und mehrmals täglich um die Wunde legen (z.B. bei schlecht heilenden Wunden, Nagelbettentzündungen).

SCHAFGARBE: hilft bei Verdauungsbeschwerden, Appetitlosigkeit, Krankheitserregern im Mund- und Rachenraum, gegen Krämpfe und Unterleibsbeschwerden, wird als Gewürz in fetten Gerichten verwendet. Blüten und Blätter für Tee oder Bäder (dafür 2 Handvoll Blätter und Blüten mit 1 l kochendem Wasser übergießen, 20 Min. ziehen lassen und ins Vollbad abseihen, 15 Min. baden).

22. Schafgarbe

KAMILLE: ein Allheilmittel, das zum Inhalieren bei Entzündungen der Nasennebenhöhlen, bei Husten, Heiserkeit und Schnupfen ver-- wendet wird. 6 EL Blüten mit 1–2 l kochendem Wasser übergießen und 10 Min. lang den Dampf einatmen. Aus Kamilleblüten gekochter Tee wirkt schweißtreibend und hilft gegen Magenschmerzen oder gegurgelt gegen Entzündungen im Mund; auch Sitzbäder helfen z.B. bei Blasenentzündung.

WEGWARTE: Ein Tee aus der Wurzel hilft gegen Magenkatarrh und Leberkrankheiten, ebenso bei Hämorrhoiden – die geröstete Wurzel wird als Kaffeeersatz verwendet und die jungen Triebe als feinbitterer Salat (Chicorée).

ARNIKA: aus den Blüten gekochte Teeextrakte verwendet man äußer- lich als Umschläge; sie helfen gegen Quetschungen sowie Blutungen und fördern die Wundheilung.

weitere
heilende
Blumen
sind u.a.:
Eibisch,
Malve,
Mariendistel,
Sonnenhut,
Enzian,
Goldrute,
Königskerze
und Veilchen

SEIFE SELBER MACHEN

250 G GIESSSEIFE IM HEISSEN WASSERBAD ERHITZEN (IM BASTELLADEN ERHÄLTLICH, BESTEHT AUS KOKOS- UND PALMÖL, es gibt durchsichtige und weiße Seife). *Stellen Sie dafür eine Schale in ein Sieb, welches man in einen mit Wasser gefüllten Topf hängt.* Erhitzen Sie das Wasser so lange, bis die Seife geschmolzen ist und gleichmäßig fließt. DANN GEBEN SIE 20 TROPFEN ÄTHERISCHES ÖL, Z.B. ROSENÖL, Lavendelöl, Zitronenöl oder Pfefferminzöl, dazu UND JE NACH LUST UND LAUNE KRÄUTER ODER BLÜTEN AUS DEM GARTEN (Z.B. LAVENDELBLÜTEN, RINGEL-BLUMEN, ROSENBLÄTTER, Kornblumenblüten, PFEFFERMINZBLÄTTER USW.) DAZU.

16.

Die Seifenmasse können Sie
entweder in Silikonbackformen,

EISWÜRFELFORMEN

oder direkt in Seifenformen aus dem

Bastelladen gießen.

ES EIGNEN SICH AUCH

DIE PLASTIKBEHÄLTER VON FRISCHKÄSE.

Mit einigen getrockneten Blüten
in Zellophantütchen verpackt,

ERHALTEN SIE EIN WUNDERSCHÖNES
GESCHENK FÜR LIEBE FREUNDE.

17. Frühlingslieder singen

Singen Sie bei der Gartenarbeit doch mal ein altbekanntes Lied. Singen geht ganz leicht und fördert sogar die Intelligenz und die Gesundheit. Tatsächlich werden beim Singen Hormone ausgeschüttet, die Glücksgefühle auslösen können, und durch das tiefe Einatmen wird die Kohlendioxid-Konzentration im Blut erhöht, was sogar Rauschzustände auslösen kann. Und nun bedenken Sie erst die Kombination von frischer Gartenluft und Gesang …
Hier finden Sie Frühlingslieder:

Der Winter ist vergangen,
ich seh des Maien Schein.
Ich seh die Blümlein prangen,
des ist mein Herz erfreut.
So fern in jenem Tale
da ist gar lustig sein.
Da singt Frau Nachtigalle
und manch Waldvögelein.

Ade, mein Allerliebste,
Ade, schön Blümlein fein,
Ade schön Rosenblume,
Es muß geschieden sein.
Bis daß ich wiederkomme,
Bleibst du die Liebste mein
Das Herz in meinem Leibe
Gehört ja allzeit dein.

Nun will der Lenz uns grüßen,
Von Mittag weht es lau,
Aus allen Wiesen sprießen
Die Blumen rot und blau.
Draus wob die braune Heide
Sich ein Gewand gar fein
Und lädt im Festtagskleide
Zum Maientanze ein.

Jetzt fängt das schö-ne Früh-jahr an, und al - les fängt zu

blü-hen an auf grü-ner Heid_____ und ü-ber - all.

Jetzt fängt das schöne Frühjahr an,
Und alles fängt zu blühen an
Auf grüner Heid und überall.

Es wachsen Blümlein auf dem Feld
Sie blühen weiß, blau, rot und gelb,
es gibt nichts Schöneres auf der Welt

Jetzt geh ich über Berg und Tal
da singt so schön Frau Nachtigall
auf grüner Heid und überall

Text und Melodie: anonym

18. Frühlingswiese vorbereiten

Diese Idee können Sie nur im Herbst umsetzen.
Wenn man im nächsten Jahr eine schöne Frühlingswiese haben
möchte, kann man im September Zwiebeln von Narzissen in
die Erde stecken. Zwiebeln von Krokussen und Schneeglöckchen
versteckt man unter einem Stück herausgehobenem Rasen, das
dann fest wieder angedrückt wird. Andere Zwiebelpflanzen sind
Märzenbecher, Traubenhyazinthe und Tulpen.
Damit die Zwiebeln lange halten und jedes Jahr wieder blühen, darf
man die Blätter erst abschneiden, wenn sie wirklich verwelkt sind.
Bei Tulpen z. B. darf man nur den Blütenrest abschneiden; die Knolle
kann dann Kraft fürs nächste Jahr sammeln.

Faustregel zur
Pflanztiefe:
2–3 mal so tief
pflanzen, wie
Zwiebeln groß
sind.

Spielarte[...] [...]ohl. 3 Rosenkohl. 4 Braunkohl. 5 Kohl= [...] 7 Kohlrübe.

Gemüse
im
Garten

Primizie

Frutta e Verdura

Mangiare più frutta
è Sano

19. Gemüsezeitplan

Wollen Sie die ganze Saison über Gemüse essen? Essen Sie gerne bestimmte Sorten zusammen? Dann machen Sie sich einen Plan, säen Sie nicht alle Gemüse auf einmal aus, sondern verschieben Sie die Aussaatzeiten so, dass die Erntezeiten ihrer Lieblingssorten zusammenfallen und dass sie lange Erntezeiten haben. Sie können auch eine Sorte zweimal aussäen, dazu wählen Sie einmal den frühestmöglichen Zeitpunkt und einmal den spätesten. Die Aussaatzeiten finden Sie auf der Samentüte.

Mit etwas Geschick und Erfahrung können Sie so auch Ihren Urlaub planen (Der dann in eine Zeit gelegt wird, in der nicht alles erntereif ist).

20. Möhren neben Zwiebeln pflanzen

Manche Pflanzen passen nicht nebeneinander, weil sie sich nicht vertragen. So wird bei nebeneinanderstehenden Gurken und Tomaten eine der beiden Pflanzen mickrig. Andere Pflanzen passen wiederum sehr gut nebeneinander, weil sie sich gegenseitig schützen. Möhren vertreiben mit ihrem Geruch die Zwiebelfliege, wenn sie neben Zwiebeln stehen, und umgekehrt kommt die Möhrenfliege nicht an die Karotten, weil sie keine Zwiebel mag.

Möhren:
* Saatrille 3 cm tief, Abstand zur nächsten Reihe 20 cm
* nach ca 4 Wochen Keimzeit –, die kleinen Sämlinge abzupfen, so dass noch alle 5 cm eine Pflanze bleibt.
* mit Pflanzenjauche (*) zweimal während des Wachsens düngen.
* gleichmäßiges Wässern verhindert das Aufplatzen der Wurzeln

* Saatrille ist die Furche, in die die Samen gelegt werden. Sie ziehen sie am besten mit dem Stiel einer Harke.
* Ein Rezept für Pflanzenjauche finden Sie im Kapitel »Arbeiten im Garten«.

21. Radieschen neben Kresse pflanzen

Auch für Radieschen gilt, dass sie nicht neben jeder anderen
Pflanze bestehen können. So werden Sie neben Gurken klein und
scharf. Vielleicht gelingt es Ihnen, butterzarte, große Radieschen
zu züchten: Dazu müssen Sie Kresse neben die Radieschen säen.

Radieschen:

* 1 cm tiefe Saatrille, Samen einzeln einlegen mit 5 cm Abstand.

* Saatzeit: den ganzen Sommer lang, jeweils 2 Wochen warten.
  Beachten Sie, dass es »späte« und »frühe« Sorten gibt.

* immer gut gießen, sonst werden sie zu scharf.

22. Unbekannte Gemüsesorten ausprobieren

Gehören Sie auch zu den Menschen, die noch nie Pastinaken probiert haben? Wie schade für Sie.

Sie können sich sicher kaum vorstellen, dass die Pastinake lange zu den europäischen Grundnahrungsmitteln gehörte, bis sie von Möhre und Kartoffel verdrängt wurde. Warum eigentlich? Pastinaken schmecken überaus lecker und aromatisch und lassen sich roh geraspelt im Salat, als Gemüse gekocht oder als Cremesuppe püriert genießen.

Pastinaken können von März bis Mai in ein gründlich aufgelockertes Beet in Reihen mit 40–60 cm Abstand gesät werden, werden dann auf 20 cm Abstand vereinzelt und lassen sich ab Oktober ernten (Deshalb wurden sie auch von den schneller wachsenden Möhren und Kartoffeln verdrängt). Nach den ersten Frösten schmecken sie sogar noch süßlicher als vorher.

23. Pastinakencremesuppe

Eine leckere Suppe aus Pastinaken zubereitet geht so:

ca. 1 kg Pastinaken säubern (sie
brauchen nicht geschält nur etwas
abgebürstet werden) und kleinschneiden

1 Zwiebel und

1 Knoblauchzehe schneiden und
mit den Pastinaken und

1,5 Liter Wasser zum Kochen
bringen

mit frisch gemahlenem
Pfeffer und etwas Muskat
würzen

Wenn das Wasser
kocht, fügen Sie ca.

1-2 EL Gemüsebrühe
(Bio) dazu.

Kochen Sie das
Ganze ca. 20
Min., bis die
Pastinaken
weich sind.

Dann nehmen Sie den Topf vom Herd und zerkleinern
das Gemüse mit einem Pürierstab. Geben Sie nun
1 Packung Frischkäse (mit oder ohne Kräuter) dazu und
pürieren Sie noch einmal. Bei Bedarf können Sie die
Suppe nachsalzen. Wenn sie zu süß schmeckt, können Sie
die Cremesuppe auch noch mit etwas Wasser verdünnen.
Noch leckerer wird die Suppe mit gebratenem Speck,
darübergestreuter Petersilie und gerösteten Kernen
(Sonnenblumen, Kürbis, Pinien ...)

heute geerntet:

Datum:

Art:

Menge:

heute geerntet:

Datum:

Art:

Menge:

heute geerntet:

Datum:

Art:

Menge:

24. Zucchini anbauen

Wenn Sie noch Gartenanfänger sind, sollten Sie ihre Erfahrungen zuerst an einfach zu ziehenden Gemüsesorten machen. Zucchini sind recht einfach, sie brauchen bloß ein bisschen Platz und wachsen auch gerne in der Nähe des Komposthaufens. Stecken Sie Anfang Mai Samen in einzelne Töpfe und pflanzen Sie die kleinen Zöglinge Ende Mai auf ein eigenes Beet. Sie mögen groben Kompost um die Füße und Pflanzenjauche (siehe Tipp 78) zum Wachsen. 2 Pflanzen reichen völlig aus, sonst ernten Sie zu viele Früchte, und dann schmecken sie irgendwann doch nicht mehr. Am leckersten sind die Zucchini, wenn sie 20 cm lang sind. (Natürlich können Sie auch eine Riesenzucchini züchten und damit angeben, aber lecker schmeckt die dann nicht mehr.) Übrigens wachsen Zucchini auch gerne neben Salat und Stangenbohnen, aber nicht neben Kartoffeln.

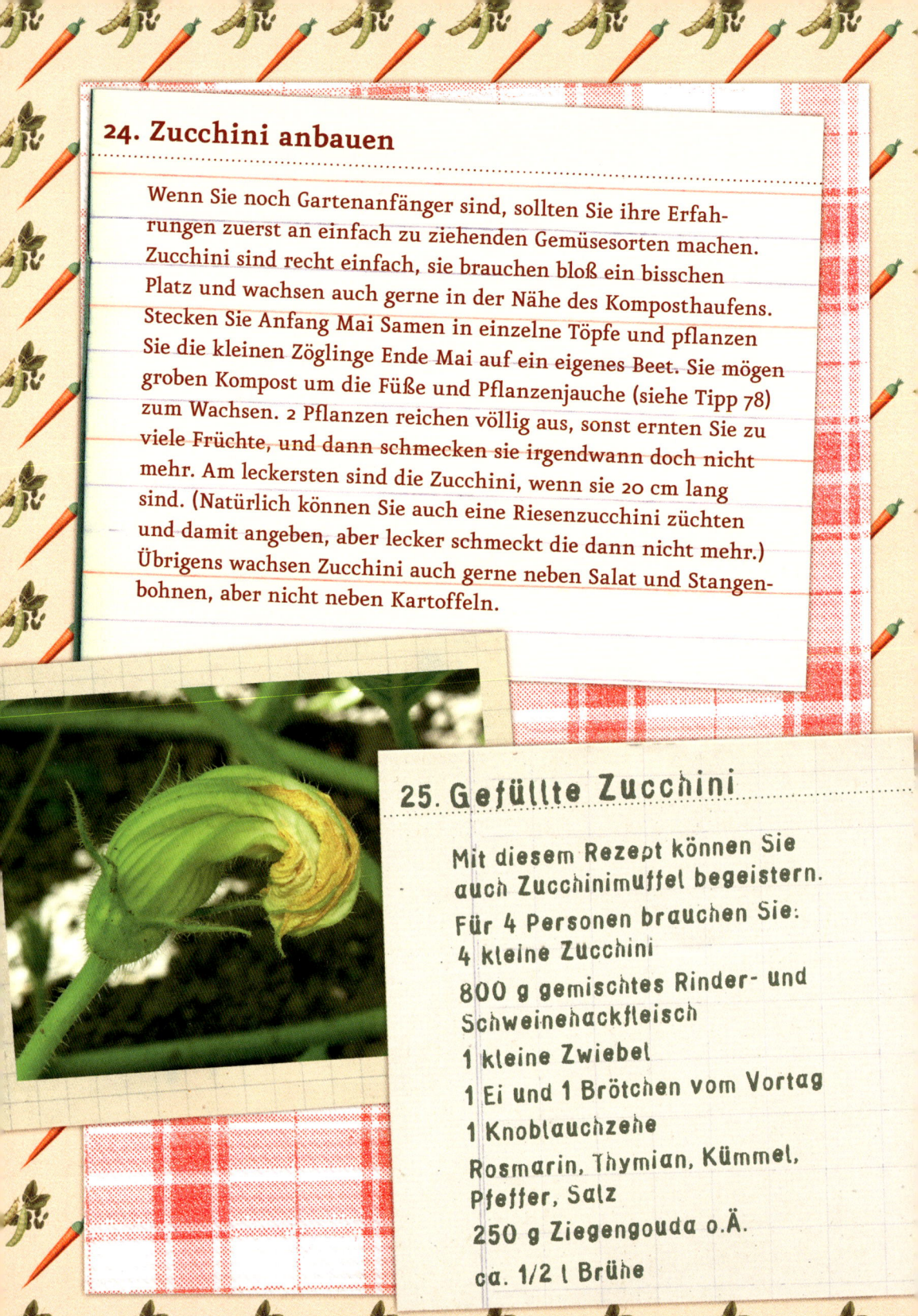

25. Gefüllte Zucchini

Mit diesem Rezept können Sie auch Zucchinimuffel begeistern.
Für 4 Personen brauchen Sie:
4 kleine Zucchini

800 g gemischtes Rinder- und Schweinehackfleisch

1 kleine Zwiebel

1 Ei und 1 Brötchen vom Vortag

1 Knoblauchzehe

Rosmarin, Thymian, Kümmel, Pfeffer, Salz

250 g Ziegengouda o.Ä.

ca. 1/2 l Brühe

Die Zucchini ca. 1 Min. in kochendem Wasser blanchieren, halbieren; das Fruchtfleisch mit einem scharfen Löffel herauskratzen (für die Brühe verwenden).

Das Hackfleisch mit der kleingehackten Zwiebel, dem Ei, dem gewässerten und ausgedrückten Brötchen, dem zerdrückten Knoblauch und ordentlich Gewürzen vermischen.

Die Zucchinihälften mit der Masse füllen und vorsichtig in eine Backpfanne legen. Den Boden der Pfanne mit Brühe begießen, damit die Zucchini auch von außen weich werden.

Heizen Sie den Ofen auf mittlere Hitze vor und backen Sie die Hälften für ca. 30 Min.

Prüfen Sie dann, ob das Gehackte gar und die Schale der Zucchini weich ist.

Kurz vor Schluss belegen Sie das Gemüse mit in Scheiben geschnittenem Ziegenkäse und überbacken das Ganze noch kurz. Sie können dieses Gericht mit Brot oder Reis genießen.

26. Gemüseschilder bauen

Beschriften Sie Ihre Beete mit eigenen Schildern. Erstens sieht das gut aus, und zweitens finden Sie wieder, was Sie angepflanzt haben, solange noch keine Früchte zu erkennen sind.

Besonders gut eignen sich dafür Essstäbchen, die es in Asialäden zu kaufen gibt. Daran befestigen Sie Schilder aus Karton, die Sie selbst beschriften und laminieren können. Schaschlikspieße eignen sich nicht so gut, weil sie viel zu leicht brechen. Sie können auch Sperrholz bemalen oder Streifen von Gemüsekisten direkt in die Erde stecken. Schilder aus Ton oder Gips gibt es natürlich auch. Dabei wird die Beschriftung direkt in die Masse geritzt.

grüne Bohnen

Möhren

Mangold

Tomaten

Rosenkohl

Feldsalat

Blumenkohl

Pastinaken

Grünkohl

Fenchel

Zwiebeln

RADIESCHEN

27. Gewächshaus aus alten Fenstern bauen

Benötigte Materialien:
Verschiedene Fensterrahmen, möglichst Einfachverglasung
Dachlatten, ca. 100 m
Wellpolyester mit Spezialnägeln
Rasenkantensteine (ca. 6 x 25 x 100 cm)
evtl. Fertigbeton für die Steine, ca. 4–5 Sack
Diverse Schrauben, Scharniere, Dübel
Bohrmaschine, Hammer, Zange, Säge etc.

Planen Sie Ihr Gewächshaus in einer Größe von max. 3 x 2,5 m. Um die Fenster richtig anordnen zu können, empfiehlt es sich, vorher alles im Maßstab 1:10 aus Papier auszuschneiden und zusammenzupuzzeln. Kleine Unterschiede können Sie später mit den Dachlatten verdecken, mit denen Sie die Fenster verschrauben, damit alles schön stabil ist.

Wenn die Außenmaße feststehen, können Sie die Begrenzung mit Rasenkantensteinen anlegen. Bohren Sie im Abstand von 1 m Dübellöcher in die Steine und schrauben Sie als Erstes eine Reihe Dachlatten ringsherum fest. Dann können Sie in einer Ecke mit dem Fensteraufbau beginnen. Lehnen Sie zwei Rahmen aneinander, dazwischen eine Dachlatte für die Ecke und schrauben Sie das Ganze fest. Danach machen Sie die erste Reihe fertig, die mit einer Dachlatte abgeschlossen wird. Als Nächstes die zweite Reihe, bis Sie die gewünschte Höhe erreicht haben. Vergessen Sie nicht, Platz für eine Tür zu lassen, die können Sie aus einigen Dachlatten und etwas Wellpolyester bauen und mit Scharnieren am Rahmen befestigen. Den Abschluss bildet eine durchgehende Dachlatte, auf der die Dachkonstruktion befestigt werden kann. Schrauben Sie dafür von einer Seite zur anderen Dachlatten quer über das Haus, die etwas über die Konstruktion hinausragen, so dass das Welldach passt.

Das Wellpolyester wird auf den Dachlatten festgeschraubt. Mit den Resten können Sie kleine Lücken in den Wänden verschließen. Wenn Sie wollen, können Sie auch ein Lüftungsfenster einbauen und eine Regenrinne anbringen, deren Wasser Sie gleich wieder in einer Tonne sammeln.

Salbei

Kümmel

Lavendel

Dill

Koriander

Thymian

Kräuter im Garten

Dill

Rosmarin

Estragon

Pfefferminze

Liebstöckel

Bohnenkraut

Salbei

28. Kräuter kennenlernen

Zerreiben Sie doch mal Salbei oder Rosmarin zwischen den Fingern – es riecht köstlich. Frische Kräuter sind wegen ihrer ätherischen Öle sehr aromatisch und können fast alle Gerichte geschmacklich verbessern und bekömmlicher machen. Es gibt unzählige Kräuter, fangen Sie mit den wichtigsten an.

Majoran

Thymian

Zitronenmelisse

29. Küchenkräuter sind Heilkräuter

Viele Pflanzen sind Heilkräuter, aus deren
Bestandteilen man Aufgüsse für Tees, Umschläge
oder Vollbäder zubereiten kann. Für Tee nimmt man
jeweils einen TL voll Blätter oder Blüten, den man
mit einer Tasse kochendem Wasser übergießt. Für
ein Vollbad stellt man zuerst einen Sud aus 1 l kochendem Wasser her, der dann in das Badewasser abgeseiht
wird.

PFEFFERMINZE:

Krampflösend, durchblutungsfördernd, erfrischend,
gegen Husten, Regelschmerzen, Magen- und Darmbeschwerden. Pfefferminzöl kann auch äußerlich
gegen Nacken- und Kopfschmerzen helfen.
(Abb. rechts) Tee: 2 TL, 10 Min. ziehen lassen

MAJORAN:

Gegen Magen-, Darmbeschwerden, Husten, Blähungen,
Völlegefühl, Durchfall, Appetitlosigkeit, Kopfschmer-
zen, Nervenleiden. Blätter unter der Nase zerrieben,
machen diese frei. Beim Kochen zur Verfeinerung von
Fleischgerichten, Suppen oder Leberwurst.
(Abb. links)

LAVENDEL:

Hilft gegen nervösen Magen, Angstzustände,
Verspannungen, schmerzende Gelenke,
Zahnschmerzen usw.
Für Tee: 1 TL Blüten; 5–10 Min. ziehen lassen,
Vollbad mit 70 g Lavendelblüten.

LIEBSTÖCKEL (auch MAGGIKRAUT genannt):

Gegen Blähungen, Sodbrennen und Völlegefühl, bei
Migräne, Menstruationsbeschwerden und sogar gegen
Rötungen und Pickel, Husten und Heiserkeit.
Tee zur Durchspülung: 1 TL der Wurzel, nur kurz
aufkochen, 2 Tassen täglich trinken;
als Gewürz an Eintöpfe und Suppen.

MELISSE:

Gegen psychosomatische Magenbeschwerden, Wechsel-jahresbeschwerden, Nervosität, Einschlafstörungen und Verspan-nungskopfschmerzen. (Abb. rechts)
Tee: 2 TL Blätter (vor der Blüte geerntet) 10 Min. ziehen lassen.
Vollbad: 8 EL Blätter für den Sud.

ESTRAGON:

Wirkt verdauungsanregend und passt deshalb gut zu Fleisch und fettigen Speisen, ideal zum Gurkeneinlegen.

BASILIKUM:

Beruhigend, krampflösend, schweißtreibend, anti-bakteriell; gegen Blähungen, Magenkrämpfe, Koliken kann Tee helfen, der aus frischen Blättern zubereitet wird. Beim Kochen für alle mediterranen Gerichte geeignet.

ROSMARIN:

Ein Wunderkraut, wirkt stärkend, anregend, entzündungshemmend, antibakteriell, antiviral, durch-blutungsfördernd und belebend nach Erkältungskrankheiten. (Abb. rechts unten)
Hilft gegen: Verdauungsbeschwer-den, krampfartige Zustände, niedrigen Blutdruck, rheumatische Beschwerden, Erschöpfung, Kopf-schmerzen, leichte Depressionen, Konzentrationsschwierigkeiten.
Tee: 1 TL Blätter 10–15 Min. ziehen lassen.
Vollbad: 15 Tropfen ätherisches Öl mit 1 Becher Sahne mischen.

30. Kräuteröl

Saubere Zweige von entweder Basilikum, Thymian, Rosmarin, Oregano oder Salbei in eine Flasche füllen, gutes Öl darübergießen und 2 Wochen an einem hellen Ort stehen lassen, danach abseien und in eine schöne Flasche füllen.
Das Etikett können Sie auch an einem Bindfaden um den Flaschenhals hängen.

31. Pesto

4–5 Knoblauchzehen kleinschneiden.

Mit 50 g Pinienkernen und 1 TL Salz im Mörser zerreiben.

150 g Basilikumblätter grob zupfen, in die Masse geben und so lange rühren, bis alles cremig ist.

150 g Peccorino oder Parmesan reiben und dazugeben.

Dann nach und nach 150 ml Olivenöl unterrühren.

Damit es keinen Schimmel gibt, müssen die Kräuter vollständig von Öl bedeckt sein und das Pesto kühl gelagert werden.

32. Frühstückstee

3 Teile Erdbeerblätter

1 Teil Brombeerblätter

1 Teil Pfefferminze

1 Teil Melisse

2 Teile Ringelblumenblüten

1/2 Teil Lindenblüten

1/2 Teil Holunderblüten

frisch oder getrocknet mit kochendem Wasser übergießen

3–5 Min. ziehen lassen.

33. Kräuterbutter:

1 kleines Bund Schnittlauch,

1 kleines Bund Basilikum,

2–4 Blättchen Pfefferminze, etwas Dill und 2 Stängel Thymian sehr klein schneiden und »wiegen«.

1 Knoblauchzehe auspressen,

1 Stück gekühlte Butter mit einer Gabel zerdrücken.

Die Kräuter mit der Butter vermischen, salzen und alles in ein Gefäß streichen.

34. Lavendelkissen

Man braucht:
hellen Leinenstoff,
gemusterten Stoffrest,
Haftvlies zum Aufbügeln
(aus dem Handarbeitsladen),
Textilstifte in Lila und Grün,
Schere,
Bügeleisen

Den Stoffrest mit Haftvlies verstärken und eine Topfform
herausschneiden, aus dem Leinenstoff zwei Rechtecke ca.
10 x 18 cm herausschneiden, Stoffrest aufbügeln und die Ränder
mit Zickzackstich festnähen.
Mit den Stiften drei Zweige Lavendel an den Blumentopf zeichnen
und von hinten mit dem Bügeleisen fixieren. Stoffe rechts
auf rechts legen und zusammennähen bis auf 5 cm, wenden,
getrockneten Lavendel hineinfüllen und per Hand verschließen.
Lavendel wirkt beruhigend und entzündungshemmend.
Die getrockneten Blüten verströmen ein frisches Aroma und helfen
gegen Motten und bei Schlafproblemen. Lässt der Duft nach,
können Sie durch leichtes Drücken nochmal welchen freisetzen.

35. Kräuterspirale

Eine Kräuterschnecke ist ein idealer Ort, um verschiedene Kräuter an einem Ort anzubauen. Sie wird so angelegt, dass Kräuter mit hohem Wasserbedarf, die es feucht lieben, unten wachsen und sonnenliebende Gewürze oben. Sie brauchen dafür eine Fläche von ca. 3 m². Stecken Sie einen Kreis ab, der ca. 2–3 m Durchmesser hat. Nun markieren Sie sich eine Spirale, deren Zwischenraum ca. 60 cm breit ist. Beachten Sie auch die Dicke der Mauern. Am besten lässt sich eine Kräuterschnecke mit Natursteinen oder Ziegelsteinen in Trockenbauweise (also einfach übereinandergeschichtete Steine) bauen.

Bauen Sie die Mauern von außen nach innen aufsteigend, an der höchsten Stelle sollte das Kräuterbeet hüfthoch sein. Füllen Sie die Zwischenräume bis 20 cm unter den eigentlichen Rand mit Bauschutt oder Kies, das ist wichtig, damit die Schnecke frostsicher ist und nicht ins Wanken kommt.

Darauf kommt dann die Humusschicht. Am Anfang der Schnecke, also unten, kommt der nährstoffreichste Boden, weil dort die Kräuter wachsen sollen, die genau das brauchen. Weiter oben können Sie die Erde mit Kalk und Sand vermischen, weil die mediterranen Kräuter eher anspruchslos sind. Wenn Sie die Kräuterschnecke noch aufwändiger gestalten wollen, können Sie am Anfang noch einen kleinen Teich anlegen (das funktioniert auch mit einem eingegrabenen Maurerkübel, der zur Hälfte mit Sand gefüllt ist).

36. Kräuter trocknen

Eine schöne Methode, um Kräuter haltbar zu machen, sind kleine Trockensträußchen.

Schneiden Sie von Ihren besten Kräutern einige Stängel ab und binden Sie daraus kleine Sträußchen, die Sie kopfüber an einem trockenen schattigen Ort aufhängen.

Kleiner Tipp: Kräuter sollten nicht bei Regen oder im Morgentau geerntet werden, sondern trocken, aber auch nicht direkt zur Mittagszeit, weil da die ätherischen Öle nicht so konzentriert vorhanden sind. Am wertvollsten sind die Kräuter kurz vor der Blüte.

Nach ca. einer Woche sind die Kräuter durchgetrocknet und können zum Beispiel zu Kräutersalz weiterverarbeitet werden.

37. Kräutersalz

Nehmen Sie dazu verschiedene Kräutersträußchen wie Thymian, Basilikum, Oregano, Salbei und streifen Sie vorsichtig die Blättchen von den Zweigen. In einem Mörser werden diese dann fein zerrieben (noch besser ist eine Kaffeemühle) und mit der gleichen Menge Salz vermischt. Viele Speisen oder Salatsaucen werden durch dieses Kräutersalz aufgepeppt und schmecken intensiver und aromatischer.

Menge:

Menge:

heute geerntet:

Datum:

Obst im Garten

Art:

Menge:

heute geerntet:

Datum:

Art: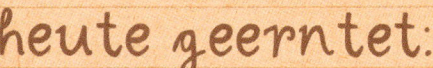

Menge:

heute geerntet:

Datum:

Art:

Menge:

38. Einen alten Obstbaum erhalten

In manchen Gärten gibt es noch alte Obstbäume mit vielleicht fast vergessenen Apfelsorten. Diese Bäume sind echte Schätze; während im 19. Jahrhundert noch 4000 Apfelsorten bekannt waren, gibt es heute nur noch einen Bruchteil davon zu kaufen. Also passen Sie gut auf Ihre Bäume auf.

Obstbäume sind Heimat für viele Tiere, 200 Tierarten, von der Florfliege bis zur Meise, können auf einem einzigen Apfelbaum leben.

Und wie Sie natürlich wissen, Äpfel sind gesund. Sie enthalten neben Ballaststoffen, die gut für die Verdauung sind, und Pektin, welches das Schwermetall Blei bindet, vor allem Calcium, Kalium, Magnesium, Eisen und Phosphor. Ebenso die Vitamine A, B1, B2, C und E.

Tee, der aus getrockneten Blättern und Blüten aufgegossen wird, hilft bei Harnwegsentzündungen, geriebenen Apfel gibt man Kindern gegen Durchfall, und Äpfel wirken entschlackend.

Ein Apfelbaum darf nie allein in einem Garten stehen, weil er zur Bestäubung seiner Blüten noch einen zweiten Baum von einer anderen Sorte benötigt. Die Bestäubung der Blüten wird von Bienen oder Wildbienen erledigt, aber auch von Fliegen.

In meinem kleinen Apfel,
Da sieht es lustig aus:
Es sind darin fünf Stübchen
Grad wie in einem Haus.

In jedem Stübchen wohnen
Zwei Kernchen schwarz und fein,
Die liegen drin und träumen
Vom lieben Sonnenschein.

Sie träumen auch noch weiter
Gar einen schönen Traum,
Wie sie einst werden hängen
Am lieben Weihnachtsbaum.

39. Kirschblütenfest

In Japan wird jedes Jahr Hanami gefeiert. In China heißt dieses Fest Shang Mei und in Korea Beotkkot Chukje. Gefeiert wird das Ende des langen Winters. Es geht in diesen Ländern zwar um die rosaroten Blüten einer Zierkirschenart, die nur 10 Tage in Blüte steht und dann alle ihre Blätter abwirft (sie symbolisiert Aufbruch, Vergänglichkeit und zerbrechliche weibliche Schönheit), aber Sie können ja auch ein Blütenfest zu Ehren der Kirsche feiern, die uns später mit ihren köstlichen Früchten beschenkt. Wenn Sie Ihre Bäume zusätzlich zu den schönen weißen Blüten mit Lampions und Origamischmuck behängen oder gar anleuchten, können Sie schnell diese typische Stimmung schaffen und Ihre Freunde zu einem Picknick einladen. In Japan wird dazu traditionell Bier und Sake getrunken. Die Menschen dort reservieren sich meist schon Stunden vor dem Picknick die besten Plätze in den Parks, weil die Kirschblüte nur an ein oder zwei Wochenenden im Jahr zu erleben ist und viele Menschen sich deshalb treffen.

Hanami
heißt
»Blüten
betrachten«

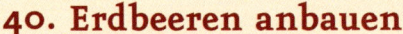

40. Erdbeeren anbauen

Erdbeeren sind die süßesten und aromatischsten Früchte des Sommers. Mit etwas Geschick können Sie sie selbst anbauen:

* Erdbeeren brauchen ein Einzelbeet mit lockerer Erde und viel Kompost.
* Die Jungpflanzen werden am besten im August mit 30 cm Abstand zueinander in die Reihen, die 50 cm Abstand voneinander haben, gesetzt. Die zarten Pflänzchen sollten nicht zu tief in den Boden gesetzt werden.
* Nun füllen Sie Erde an und drücken diese fest an.
* Denken Sie daran, die Erdbeerpflanzen gut zu wässern, Gießen sollten Sie aber nie abends, sondern nur morgens.
* Den Zwischenraum zwischen den Pflanzen schützen Sie mit Grasschnitt, Stroh oder altem Laub.
* Nach der Ernte müssen Sie alle großen Blätter und Ausläufer abschneiden und regelmäßig mit Pflanzenjauche (*) gießen, damit die Pflanzen für das nächste Jahr Kraft sammeln können. Die Pflanzen sind drei Jahre verwendbar, danach pflanzt man die stärksten Ableger in ein neues Beet.

Ein Rezept für Pflanzenjauche finden Sie bei Tipp 78.

41. Rote Grütze kochen

Sie haben zu viel Obst geerntet und wollen nicht noch mehr Marmelade kochen?

Legen Sie sich einen Vorrat roter Grütze an.

Man verwendet dafür rote und schwarze Johannisbeeren, Erdbeeren Stachelbeeren und Kirschen (besonders lecker sind Sauerkirschen).

Bringen Sie 750 g Früchte und 500 ml Apfelsaft (oder anderen Fruchtsaft) langsam zum Kochen.

In einer Tasse verquirlen sie 50 ml kalten Saft mit 40 g Stärkemehl und rühren dies in die leicht kochende Obstmischung.

Wenn sie dann noch einmal aufgekocht und somit angedickt ist, können Sie das Ganze nach Geschmack mit Zucker süßen und in Gläser abfüllen (siehe übernächste Seite).

Rote Grütze schmeckt am besten mit flüssiger Schlagsahne oder Vanillesoße.

42. Erdbeerbowle

1 Flasche trockener Sekt
1 Flasche Mineralwasser
500 g Erdbeeren
1-2 EL brauner Zucker

* Erdbeeren waschen, Stielansätze entfernen, vierteln und mit Zucker vermischen.
* Gekühlten Sekt und Wasser in ein Bowlegefäß oder eine große Glasschüssel gießen und vorsichtig die Erdbeeren hinzufügen.
* Bowle in Gläser füllen und mit kleinen, roten Papierschirmchen garnieren. Diese können gleichzeitig als Piker für Fruchtstückchen benutzt werden.

43. Rezept Erdbeerkonfitüre

1 kg handverlesene Erdbeeren
500 g Gelierzucker 1:2
6–8 Minzblätter
6–8 kleine Weckgläser

* Erdbeeren waschen, Stielansatz entfernen.
* ohne Wasser mit Zucker aufkochen, mit einem
  Stampfer etwas zerdrücken.
* Nach 3–5 Min. Kochen eine Gelierprobe machen
  (einen Klecks Marmelade auf einen Teller geben:
  Wird er noch nicht fest, muss die Marmelade
  weiterkochen).
* In sterile Gläser (mit kochendem Wasser übergießen
  und 10 Min. darin stehen lassen) füllen, jeweils ein
  Blatt Minze dazu.
* Gläser fest verschrauben und ca. 2 Stunden
  auf den Kopf stellen (das dient der zusätzlichen
  Sterilisierung durch die Hitze)

44. Kirschkernweitspucken

Alle Personen stehen an einer Linie, essen Kirschen und versuchen, die Kerne möglichst weit zu spucken. Der weiteste Kern bekommt einen Punkt. Wer zuerst 10 Punkte hat, ist Gewinner.

45. Kirschlied und Kirschgedicht

Rote Kirschen ess' ich gern
Schwarze noch viel lieber.
In die Schule geh' ich gern
Alle Tage wieder.

trad.

Das Kirschenfest

Der Erste
Hört, ich hab' ein groß' Verlangen
Nach den Kirschen, die da hangen
Und in voller Röte prangen.
Wüßt' ich doch es anzufangen,
Ach, die lieben süßen Kirschen zu erlangen.

Der Zweite
Vater sagt, sie werden gestohlen
Von den Spatzen doch.
Kinder, geht die Kirschen holen!
Holt sie heute noch!

Der Dritte
Was zaudern wir weiter?
Dort steht eine Leiter!

Heinrich Hoffmann von Fallersleben

Eine ganz vorzügliche eiweißreiche Zusammenstellung bildet der

Quarkkrem mit Früchten

½ l Milch,
75 g (3 gehäufte Eßl.) Zucker,
1 Päckchen Dr. Oetker Puddingpulver
Vanille=Geschmack,
4 Eßl. Wasser zum Anrühren,
1 Ei;
250 g Quark (Topfen),
2—3 Eßl. Milch,
einige Tropfen Dr. Oetker Backöl
Zitrone;
500—750 g gezuckertes rohes Obst.

Man bringt die Milch mit dem Zucker zum Kochen, nimmt sie von der Kochstelle, gibt das mit Eigelb und Wasser verquirlte Puddingpulver unter Rühren hinein und läßt noch einige Male aufkochen. Das zu steifem Schnee geschlagene Eiweiß rührt man nach dem Kochen unter den noch heißen Pudding.

Der Quark wird durch ein feines Sieb gestrichen, mit der Milch glatt gerührt und mit dem Backöl und dem Pudding gut gemischt. Die gezuckerten Früchte gibt man in eine Glasschale oder in kleine Gläser, füllt den Krem darüber und läßt ihn erkalten. Da Quark leicht säuert, muß die Speise frisch gegessen werden.

Holunderblüten dürfen nicht zu spät gepflückt werden und auch nicht zu sehr geschüttelt. Sie verlieren sonst zu viel des aromatischen Blütenstaubs.

46. Holundersirup

FÜR 1 LITER BENÖTIGT MAN:

* 1 LITER WASSER
* 12 Zweige Holunderblüte
* 1 kg braunen Zucker
* 20 G ZITRONENSÄURE

SAUBERE ZWEIGE ÜBER NACHT in Wasser ziehen lassen.

Die Flüssigkeit durch ein Sieb gießen und mit Zucker und Zitronensäure aufkochen.

In saubere, ausgekochte Flaschen füllen und gut verschließen.

Zum Trinken 1 Esslöffel Sirup in ein Glas geben und mit Wasser auffüllen.

47. Etiketten selbst gestalten

Verschönern Sie Ihre selbstgemachten Marmeladen, Konfitüren, Sirups und Liköre mit selbstgemachten Etiketten. Sie können entweder vorgestanzte Etiketten für Briefumschläge beschriften und bestempeln, oder Sie gestalten eine Seite mit dem Computer (das geht auch in einem Textprogramm) und drucken diese auf A4-Klebeetiketten, die sie im Schreibwarenladen bekommen. Eine andere, etwas nostalgischere Möglichkeit ist, kleine Schilder aus fester Pappe auszuschneiden und mit einem Bindfaden am Flaschenhals oder unter dem Deckelrand zu befestigen. Sie können aber auch im Copyshop diese Vorlage auf selbstklebendes Papier kopieren lassen.

48. Likör selber machen

Für selbst gemachten Likör eignen sich alle dunklen und etwas herberen Früchte wie schwarze Johannisbeeren, Holunderbeeren oder auch Schlehen.

Hier ein Rezept für Cassis:

Sie brauchen:

2 kg schwarze Johannisbeeren

2 l unvergällten Weingeist (auch bekannt als Ethanol bzw. Primasprit, gibt es im Fachhandel und hat 96 % Alkohol)

5 g Nelken

Einige Blätter des Strauches

1 kg braunen Zucker oder Kandiszucker

1 l abgekochtes oder destilliertes Wasser

Eine große Glasflasche

Die Johannisbeeren von den Stängeln zupfen, zerquetschen und in einer großen Glasflasche mit dem Weingeist übergießen. Die Flasche darf nicht ganz voll sein. Als Gewürz geben Sie einige Nelken oder auch etwas Ingwer und eine Handvoll Blätter des Johannisbeerstrauchs dazu.
Dann müssen Sie die Flasche gut verschließen und für 3-4 Wochen an einen sonnigen Platz stellen.
Nach dieser Zeit pressen Sie den Saft aus den Früchten und füllen ihn wieder zurück in die gereinigte Flasche.
Das gelingt am besten mit einem Küchenhandtuch, das über ein Sieb gelegt wird. Sie können es über den Früchten zusammendrehen, um den Saft möglichst komplett aus den Beeren zu pressen.
Wenn sich der abgegossene Saft gesetzt hat und alles Trübe am Boden der Flasche liegt, schütten Sie die

Flüssigkeit vorsichtig in ein anderes sauberes Gefäß und vermischen sie mit dem warmen Zuckerwasser. Jetzt ist der Likör fertig und kann in elegante Flaschen umgefüllt werden.

Als Alternative zu dem teuren Weingeist können Sie auch guten Wodka nehmen. Dann entfällt das Mischen mit dem Zuckerwasser, und Sie rühren den Zucker gleich dazu.

Kinder im Garten

49. Geburtstagsfeier

Laden Sie andere Kinder ein und feiern Sie ein lustiges Fest mit Topfschlagen, Bonbonangeln, Planschen und Eierlaufen!
Bieten Sie Säfte und Obst aus eigenem Anbau an oder machen Sie leckere Obst-Gemüse-Käse-Spieße mit selbst gemachtem Kräuterdip.

BURTSTAG

50. Schneckenwettrennen

Jedes Kind setzt eine Schnecke auf ein Blatt Papier. Dann heißt es anfeuern und abwarten, welche Schnecke zuerst im Ziel ist.

51. Den Tagesablauf der kleinen Hexe nachmachen

Ob Sie den Tag wirklich um sechs Uhr beginnen und tatsächlich Froschbeine, Krebs und Fisch essen, bleibt Ihnen überlassen.

Sie können diese Verse auch als Sandkastenspiel, Weckritual oder Tischspruch verwenden. Gelbe Rüben sind übrigens Möhren.

Morgens früh um sechs
kommt die kleine Hex'.

Morgens früh um sieben
schabt sie gelbe Rüben.

Morgens früh um acht
wird Kaffee gemacht.

Morgens früh um neune
geht sie in die Scheune.

Morgens früh um zehne
holt sie Holz und Späne.

Feuert an um elfe
kocht dann bis um zwölfe.

Fröschebein und Krebs und Fisch,
hurtig, Kinder, kommt zu Tisch!

Hier ein einfaches Rezept, das auch Kindern schmeckt:

52. Möhren-Apfel-Salat

* 2 mittelgroße Möhren
* 1 Apfel
* Zucker und Zimt
* Saft einer halben Zitrone

Äpfel und Möhren schälen und reiben, vermischen, Zitronensaft darübergießen und mit Zimtzucker abschmecken.
Auch Rosinen passen gut dazu.

53. Stadt-Land-Fluss spielen, aber anders

Jeder Mitspieler (mind. 2) bekommt ein Blatt Papier, das er quer vor sich hinlegt.

Darauf schreibt man nebeneinander verschiedene Begriffe, zu denen man dann mit unterschiedlichen Anfangsbuchstaben Wörter sucht.

z.B. Stadt, Blume/Pflanze, Obst/Gemüse, Gericht/Getränk, Tier/Tätigkeit im Garten …

Einer zählt still das Abc ab, ein anderer sagt »Stopp«, ein Buchstabe wird genannt, und dann schreiben alle mit diesem Anfangsbuchstaben drauflos, bis der Erste die ganze Reihe voll hat.

Ausgezählt wird so:

• Als Einziger ein Wort in der Kategorie: 20 Punkte
• Ein Wort, das kein anderer hat: 10 Punkte
• Ein Wort, das mehrmals vorkommt: 5 Punkte
• Wer am Schluss die meisten Punkte hat, hat gewonnen.

54. Kinderlieder singen und Sprüche aufsagen

Ich hab ein bös' Schätzle,
wenn's immer so bleibt,
stell ich's in den Garten,
dass es Vögel vertreibt.

Meine Blümchen haben Durst,
hab's gar wohl gesehen.
Hurtig, hurtig, muss ich drum
hin zum Brunnen gehen.

Frisches Wasser hol ich euch,
wartet nur ein Weilchen.
Wartet nur, ihr Röslein rot
und ihr kleinen Veilchen.

Seht, hier habt ihr Wasser schon,
trinkt nur mit Behagen!
Blüht und duftet nur recht lang,
wollt ihr Dank mir sagen.

Drei Rosen im Garten,
drei Lilien im Feld.
Im Sommer ist's lustig,
im Winter gibt's Kält.

Petersilie, Suppenkraut
wächst in unserm Garten.
Unser Ännchen ist die Braut,
soll nicht lang mehr warten.
Roter Wein und weißer Wein,
morgen soll die Hochzeit sein.

Mein Vater kaufte sich ein Haus,
an dem Haus war ein Garten,
in dem Garten war ein Baum
auf dem Baum, war ein Nest,
in dem Nest war ein Ei,
in dem Ei war ein Dotter,
in dem Dotter war ne Laus,
eins, zwei, drei und du bist raus!

Span-nen - lan - ger Han - sel, nu - del - dik - ke Dirn,
gehn wir in den Gar - ten, schüt teln wir die Birn'.

Schüt-tel ich die gros - sen, schüt-tel ich die klein',

wenn das Säck-lein voll ist, gehn wir wie - der heim.

Rote Kirschen,
roter Mund,
liebes Mädchen
bleib gesund!

Am Brunnen vor dem Tore,
da steht ein Birnenbaum,
der trägt so süße Äpfel,
man sieht die Zwetschgen kaum.

55. Eine Vogelscheuche bauen

2 Äste

trockenes Gras

Sack oder Beutel

Bindfaden

Knöpfe

alte CDs

alte Sachen

1.

Für eine Vogelscheuche braucht man:

* Zwei große Äste, einer davon so lang wie ein Besen-
  stiel, der andere etwas kürzer;
* mehrere Bündel trockener Gräser,
* Bindfaden,
* einen Stoffbeutel oder Sack und ein paar Knöpfe.
* Und natürlich etwas zum Anziehen, wie ein altes
  Männerhemd oder einen Mantel, evtl. ein Hut.
* Ein paar alte CDs zum Abschrecken sind auch nützlich.

Aus den beiden Ästen bindet man ein Kreuz, ordentlich
umwickeln, damit es gut hält (Bild 1).
Nun befestigt ihr als Arme jeweils ein dickes Grasbündel
rechts und links am kürzeren Ast (Bild 2).
Als Nächstes malt man auf den Beutel ein Gesicht. Ihr
könnt auch große Knöpfe als Augen auf den Beutel
nähen, die Henkel zeigen dabei nach unten (Bild 3).
Dann füllt man das Heu hinein und bindet die Henkel an
das obere Ende des langen Astes. Obendrauf kommt der
Hut (Bild 4).

Über die Arme zieht ihr den alten Mantel, etwas Gras sollte als Hände herausschauen. Die CDs oder alte Dosen, die schön klappern, bindet ihr locker an der Vogelscheuche fest (Bild 5). Fertig.

56. Teelichtlampe basteln

Dazu braucht ihr: kleine Gläser (z.B. von Joghurt, Meerrettich, Marmelade), kleine Kerze, Draht, Kneifzange, Rundzange

1.

Mit der Kneifzange ein recht langes Stück Draht abschneiden, es muss einmal ums Glas und dann noch als Henkel herum passen.

2.

Ein Ende des Drahtes mit der Rundzange zu einer kleinen Schlaufe biegen, einmal ums Glas legen und durch die Schlaufe stecken, fest anziehen, Henkel biegen.
Das zweite Ende ebenfalls zu einer Schlaufe biegen und auf der anderen Seite am Glas befestigen.

3.

Das Glas könnt ihr mit getrockneten Blüten bekleben, dann eine Kerze hineinstellen und aufhängen.

57. Lustige Pflanzgefäße finden

Pflanzt eure Blumen und Kräuter in lustige Kübel, alte
Teekannen, alte Waschbecken, Teedosen, Fahrradanhänger,
Badewannen, Kochtöpfe, bemalte Kisten oder Körbe. Es ist fast
alles möglich und sieht nach guter Laune aus. Wichtig ist ein
extra Loch hineinzubohren, damit das Wasser ablaufen kann.
Oder Ihr stellt die Pflanze direkt im Topf in das Gefäß, dann
kann man überschüssiges Wasser wieder ausgießen.

Sono di carta e respiro
Sono amica dell'ecologia

Essen im Garten

58. Andere Gärten kennenlernen

In vielen Städten und Landkreisen gibt es den Tag des offenen Gartens. Hier können Sie mal weiter als bis über den Zaun schauen, nämlich hinein in private Gärten, die von Hobbygärtnern oder Künstlern an einem Wochenende im Jahr für ein breites Publikum geöffnet werden. Nutzen Sie diese Gelegenheit, um sich neue Ideen und Anregungen zu holen, sich mit den Besitzern auszutauschen und bei Kaffee und Kuchen die gestaltete Natur zu erleben. In manchen Gärten gibt es regelrechte Kunstwerke zu bestaunen, andere widmen sich einem bestimmten Thema.

Auch am Tag des offenen Denkmals lassen sich besondere Gärten entdecken. Machen Sie an diesem Tag doch einmal einen Ausflug in einen mittelalterlichen Klostergarten. Bestimmt finden Sie neue Ideen für Ihr Kräuterbeet.

(285) 425/8 www.tag-des-offenen-denkmals.de, www.offene-gartenpforte.de

AUS DEM BUNDESKLEINGARTENGESETZ:
EIN KLEINGARTEN SOLL NICHT GRÖSSER ALS 400 QUADRATMETER SEIN
DIE GRUNDFLÄCHE DER LAUBE DARF HÖCHSTENS 24 QM UMFASSEN,
WOBEI DER ÜBERDACHTE FREISITZ MIT GEZÄHLT WIRD
SIE DARF NICHT ZUM DAUERHAFTEN WOHNEN GEEIGNET SEIN.
DAS SAGT DER BGH 2004 ZUM PFLICHTANTEIL DER NUTZFLÄCHE:
§ 1 ABS. 1 NR. 1 BKLEINGG
A) EINE KLEINGARTENANLAGE SETZT NICHT VORAUS, DASS WENIGSTENS DIE
HÄLFTE IHRER FLÄCHE ZUR GEWINNUNG VON GARTENBAUERZEUGNISSEN FÜR
DEN EIGENBEDARF (INSBESONDERE OBST UND GEMÜSE) GENUTZT WIRD.
B) ES GENÜGT, WENN DIESE NUTZUNG DEN CHARAKTER DER ANLAGE MASSGEBLICH
MITPRÄGT.
C) DIES IST IN DER REGEL ANZUNEHMEN, WENN WENIGSTENS EIN DRITTEL DER
FLÄCHE ZUM ANBAU VON GARTENERZEUGNISSEN FÜR DEN EIGENBEDARF GENUTZT
WIRD. BESONDERHEITEN, WIE EINE ATYPISCHE GRÖSSE DER PARZELLEN, TOPO-
GRAPHISCHE EIGENTÜMLICHKEITEN ODER EINE BODENQUALITÄT, DIE DEN ANBAU
VON NUTZPFLANZEN TEILWEISE NICHT ZULÄSST, KÖNNEN EINE VOM REGELFALL
ABWEICHENDE BEURTEILUNG RECHTFERTIGEN.
"EIN ZENTRALES MERKMAL EINES KLEINGARTENS IST DIE NICHT
ERWERBSMÄSSIGE GÄRTNERISCHE NUTZUNG, ALSO DIE ERZEUGUNG
VON OBST, GEMÜSE UND ANDEREN FRÜCHTEN DURCH SELBSTARBEIT
DES KLEINGÄRTNERS ODER SEINER FAMILIENANGEHÖRIGEN".

59. Die Nachbarn kennenlernen

Laden Sie doch mal Ihren Nachbarn ein; gute Nachbarschaft lohnt sich. Wenn man sich kennt und nett
zueinander ist, gibt es weniger Streit und Probleme.
Ganz leicht ist das natürlich mit leckerem Kaffee und
selbst gebackenen Kuchen. Dann können Sie gleich noch
Rezepte austauschen. Übrigens: Nach einem gelungenen
Nachbarschaftstreffen lässt es sich vielleicht auch leich-
ter erwähnen, dass Sie Rasenmäher und Motorsägen
über Mittag nicht mögen.

Wie lange haben sie schon Ihren Garten?

Was bauen Sie besonders gern an?

Wie bekämpfen Sie Schnecken?

Welche ist Ihre Lieblingsblume?

60. Überschüssige Ernte verschenken

Wenn Ihre Ernte zu üppig ausgefallen ist, dann verschenken Sie doch was davon. Viele Früchte lassen sich einfrieren oder trocknen. Haben Sie schon mal versucht, Apfelringe zu trocknen? Dafür gibt es witzige Maschinen, in die man den Apfel steckt und die gleichzeitig schälen und Ringe schneiden. Die entstandene Spirale brechen Sie einfach in Scheiben und legen diese auf ein Backpapier zum Trocknen aus. An warmen Tagen können Sie an der Luft trocknen, schneller geht es jedoch bei 60 Grad im Backofen (ca. 10 Stunden) Bewahren sie die Ringe in luftdicht verschlossenen Plastikbeuteln auf.

61. Nachbarschaftstausch

Bestaunen Sie auch immer, was andere Leute in ihrem Garten zustande bringen? Sie wüßten so gerne, wie man das macht? Sie müssen nicht länger grübeln. Fragen Sie doch einfach Ihren Nachbarn, ob er mit Ihnen Samen oder Ableger tauscht. Dann können Sie auch gleich noch ein paar Tipps abstauben. Aber Sie können auch teilen, was Ihnen gut gelungen ist. So ein Tauschgeschäft macht beide Seiten stolz, denn man hat etwas gegeben und bekommen.

Nachbarn im Kleingartenverein nennt man übrigens Gartenfreund.

62. PICKNICK

Ein Picknick mit Freunden im Garten
Jeder kann etwas mitbringen, oder man bereitet selbst
einfache, leckere Speisen vor. Viele Zutaten findet man
im Garten. Die meisten Gerichte werden kalt serviert.
Auf dem Rasen breitet man eine Tischdecke aus, stellt
Teller, Gläser, Besteck und Servietten bereit und setzt
sich auf Kissen oder Decken drum herum.

Zu einem gelungenen Picknick gehören:
* belegte Brote,
* Salate (z. B. mediterraner Nudelsalat mit getrockneten Tomaten, Rucola und Ziegenkäse, Salat
   mit gebratener Hähnchenbrust und Früchten oder
   Kartoffelsalat),
* Quiche oder gefüllte Teigtaschen,
* Pflaumen im Speckmantel,
* geschnittenes Gemüse mit Dip,
* kleine Würstchen und Hackbällchen,
* Weintrauben und Melone,
* gekochte Eier,
* Käse
* luftgetrockneter Schinken oder Salami usw.

Speisen, die gekühlt werden müssen oder beim Trans-
port zerquetschen, sind nicht geeignet. Sekt, Säfte,
Mineralwasser und Bier gehören natürlich ebenso dazu
wie Kuchen, Muffins oder Kekse.

63. Grüne Pfannkuchen mit Frischkäsefüllung

* 100 g Spinat waschen und abtropfen lassen.
* Blätter kurz blanchieren und pürieren.
* 100 g Mehl in eine Schüssel sieben, mit etwas Salz, 1 Ei und 100 ml Milch vermischen, pürierten Spinat unterrühren und den Teig ein paar Min. quellen lassen.
* 2 Packungen Frischkäse à 200 g mit Pfeffer, Salz, geschnittenem Schnittlauch, kleingezupftem Basilikum und gehackter Petersilie vermischen.
* Öl in einer Pfanne erhitzen und aus dem Teig ca. 8 Eierkuchen backen.
* Mit dem Frischkäse füllen und zusammenrollen.
* Wie einen Wrap in Butterbrotpapier einschlagen und vorsichtig in eine Dose legen.

64. Lammhackbällchen mit Minze

* 500 g gehacktes Lammfleisch
* 50 g fein geschnittene und gedünstete Zwiebel
* Ca. 3 El gehackte Petersilie
* Ca. 3 El gehackte Minze
* Pfeffer, Salz
* Alle Zutaten gut vermischen und mit Pfeffer und Salz würzen.
* Kleine Bällchen formen und in einer beschichteten Pfanne braten, dabei mehrmals wenden.

65. Baguettes mit Knoblauchkäse

* 200 g Frischkäse und
* 200 g Hüttenkäse in einer Schüssel mischen.
* 2 zerkleinerte Knoblauchzehen dazugeben.
* Je eine Handvoll Salbei, Schnittlauch, Dill und Estragon kleinschneiden und unter den Käse mischen und salzen.
* Am Ort des Picknicks schmale Scheiben von Baguettebrot damit bestreichen und mit halben Cocktailtomaten oder Radieschen garnieren.

66. Auf den Garten aufpassen

Sie können sich gar nicht vorstellen, was alles schon aus Gärten oder Terrassen gestohlen und entwendet wurde: Solarlämpchen, Geschirr, Regenrohre aus Kupfer, Schildkröten, Kaninchen, Fische aus dem Gartenteich, Wasserpfeifen, Bier und sogar Pflanzen. Sie können dem nur vorbeugen, indem Sie alle wertvollen Dinge abends reinräumen, Geräte in einem verschlossenen Schuppen aufbewahren und sich in Gelassenheit üben. Ein Garten eignet sich auch eher nicht für das Zurschaustellen wertvoller Gegenstände, und hochwertige elektrische Geräte können Sie gemeinsam mit anderen nutzen und in einem gut verschließbaren Raum aufbewahren.
Oder Sie ketten alles an, schaffen sich einen bissigen Hund an und installieren eine Überwachungskamera und eine Alarmanlage. Viel Spaß.

 Datum:
Gegenstand:

 Datum:
Pflanze:

 Datum:
Idee:

 Datum:
Gegenstand:

 Datum:
Pflanze:

 Datum:
Idee:

 Datum:
Gegenstand:

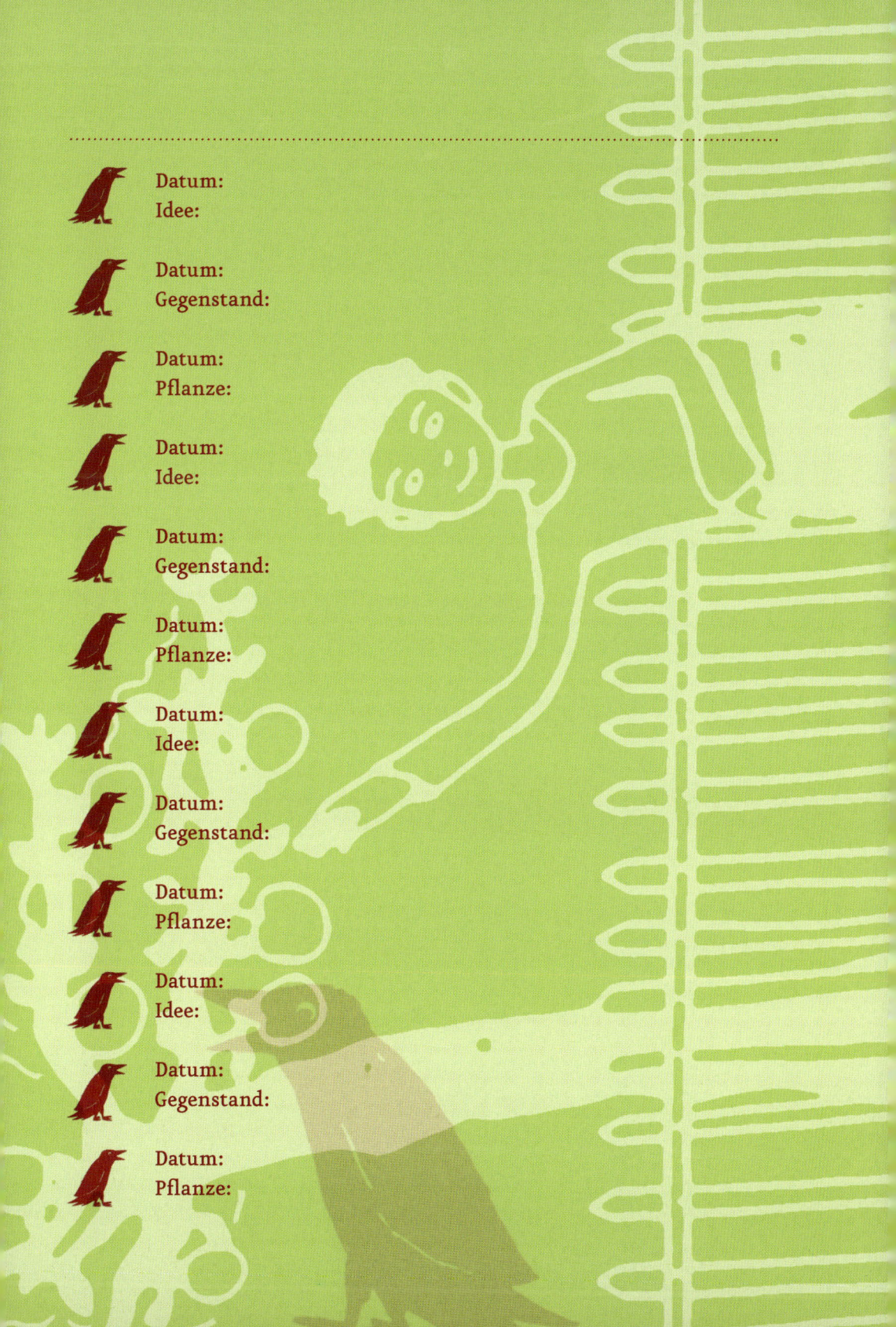

Datum:
Idee:

Datum:
Gegenstand:

Datum:
Pflanze:

Datum:
Idee:

Datum:
Gegenstand:

Datum:
Pflanze:

Datum:
Idee:

Datum:
Gegenstand:

Datum:
Pflanze:

Datum:
Idee:

Datum:
Gegenstand:

Datum:
Pflanze:

67. Grillen im Eimer:

* Man nimmt einen alten Zinkeimer und schlägt mit einem großen Nagel Löcher in die Wände, ca. 3 cm über dem Boden.

* Dann stellt man den Eimer auf eine feuerfeste Unterlage und füllt ihn mit Grillkohle.

* Mit Grillanzünder brennt das Feuer schneller, und die Kohlen beginnen schön zu glühen.

* Der Grillrost kann dann genau auf den Eimer gelegt werden.

* Das Fleisch sollte nur mit einer Zange gewendet werden und nicht mit einer Gabel, die das Fleisch verletzen kann. Dadurch verliert es seinen Saft und wird zäh, in die Glut tropfendes Fett oder Marinade entwickelt krebserregende Stoffe.

* Deshalb empfiehlt es sich eventuell, eine Aluschale mit Löchern zu verwenden oder nur mageres Fleisch zu grillen.

* Die Marinade vorher gut abtupfen.

* Gepökeltes Fleisch ist nicht zum Grillen geeignet, weil sich die Pökelsalze durch die Hitze in Nitrosamine umwandeln können, die auch krebserregend sind.

68. Marinade selber machen

Selbst mariniertes Grillfleisch schmeckt viel besser als fertig eingelegtes, auch weil man so über die Qualität des Fleisches selbst entscheidet.

Bestreichen sie das Fleisch mit der Marinade und klopfen Sie es etwas mürbe. Dann kommt das Fleisch für vier Stunden in einem Gefrierbeutel in den Kühlschrank und wird eine Stunde vor dem Grillen wieder herausgenommen.

* **Für Lamm eignet sich:**
  Olivenöl, Rotwein, Rosmarin, Estragon

* **Für Huhn eignet sich:**
  Joghurt mit Minze und Salbei oder Honig, Senf, und Chili

* **Für Schwein eignet sich:**
  Bier, Öl, Senf, Zwiebeln, Pfefferkörner, Rosmarin, Knoblauch

* **Für Fisch eignet sich:**
  Olivenöl, Zitronensaft, Kräuter

An alle Marinaden gehören natürlich Salz und Pfeffer.

Arbeiten im Garten

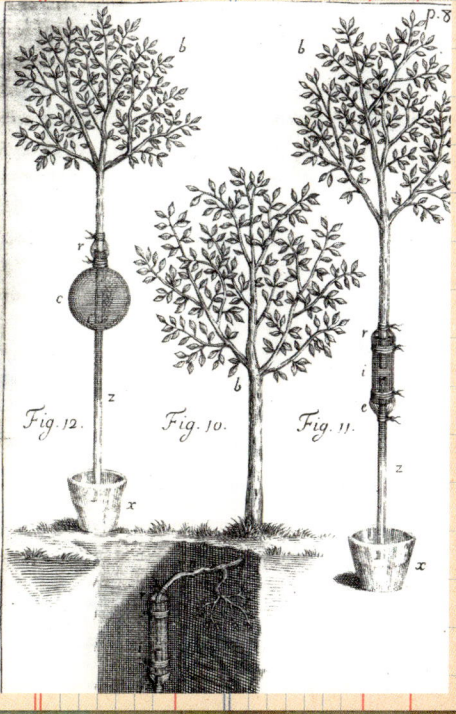

69.
Rasen richtig bewässern

* Rasen braucht im Sommer sehr viel Wasser.
* Wenn sich die Halme nach dem Betreten nicht mehr aufrichten, ist er schon zu trocken (Welkepunkt).
* 2 mal pro Woche morgens oder abends richtig durchwässern mit 10–20 l pro Quadratmeter.
* Wenn es regnet, mit einem kleinen Gefäß messen, wieviel Niederschlag gefallen ist.
* 2 cm sind ausreichend für eine gute Bewässerung (außer unter Sträuchern).

70. Eine schönere Gießkanne

Alte Metallgießkannen kann man wunderschön bemalen. Einfach mit farbigem Lack im Streifenlook einkleiden oder dekorative Schablonen aufkleben und mit einem kurzen runden Pinsel die Farbe vorsichtig auftupfen. Man kann auch eine Collage kleben: Dazu einfach verschiedene Motive mit Dekokleber auf der Kanne fixieren und zum Schluss überlackieren.

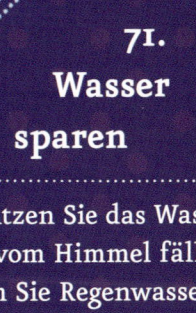

71.
Wasser
sparen

Nutzen Sie das Wasser,
das vom Himmel fällt,
indem Sie Regenwasser
versickern lassen; dafür
sollten Sie so wenig wie möglich
versiegelte Flächen im Garten
haben. Stellen Sie an der Dachrinne
eine Regentonne auf, damit können
Sie richtig sparen, denn verwendet
man Trinkwasser zum Gießen, muss man
trotzdem Wasser- und Abwassergebühren
zahlen, obwohl das Wasser im eigenen Garten
versickert. Regentonnen sollten abgedeckt werden,
damit kleine Kinder nicht hineinfallen können
und damit sich darin keine Stechmückenlarven
sammeln; die lieben abgestandenes Wasser. An heißen
Tagen sollten Sie nur morgens und abends gießen, weil
dann die Feuchtigkeit nicht so schnell verdunstet und
die Pflanzen keinen Kälteschock bekommen. Außerdem
können sonst Wassertropfen wie ein Brennglas das Licht
bündeln und die Pflanzen versengen. Damit Ihre Pflanzen
genügend Wasser trinken können, ist es besser, ihnen lieber
mehrmals langsam Wasser auf die Wurzelansätze zu geben
als zu viel auf einmal. Es würde nur wegfließen, bevor die
Wurzeln es aufgenommen haben.

72. Rasenkur

Nach dem Sommer sieht der Rasen wahrscheinlich nicht mehr so toll aus, Feste, Hitze, Möbel und Füße haben ihre Spuren hinterlassen, Unkraut und Moos wuchert. Wenn Sie auf tollen Rasen stehen, können Sie ihm jetzt eine Kur gönnen.

* Zuerst Rasenkanten freilegen und überhängende Sträucher beschneiden

* Der Rasen muss von Blättern und Moos befreit werden. Das Laub kann unter Pflanzen, die nahe am Boden wachsen, versteckt werden, z. B. Efeu, als Winterschutzdecke rund um Gehölze oder auf den Kompost gebracht werden.

* Heruntergefallenes Obst unbedingt gleich aufsammeln, v.a. fauliges. Die Ausbreitung von Bakterien und der Neubefall der Obstbäume mit Schädlingen wird so verhindert.

* Rasen zum Durchlüften mit kleinen Löchern versehen. So kommt Luft an die Wurzeln, und Pilze haben es schwerer.

* Zum Abschluss können Sie den Rasen mit Herbstdünger düngen, jedoch nicht bei naturnahen Gärten.

Das Laubharken dieser Wiese hat ca. 4 h gedauert, dabei wurden 4 Schubkarren und 8 Taschen voll Laub auf den Kompost gebracht.

73. Laubharkwettkampf

Wenn Sie viel Laub harken müssen, lohnt sich Um-die-Wette-Harken. Dafür brauchen Sie zwei Mannschaften oder wenigstens zwei Personen. Teilen Sie den Garten in zwei ca. gleich große Flächen oder in mehrere Teilstücke. Jede Mannschaft bekommt mindestens eine Harke, eine kleine Schaufel und eine Laubtasche. Jetzt wird um die Wette geharkt, die Laubtasche gefüllt, zum Kompost gebracht und ausgeschüttet. Für noch mehr Spaß können Sie den Rückweg in der Tasche hüpfend zurücklegen. Gewonnen hat die Mannschaft, die in einer festgesetzten Zeit die meisten Taschen entleert hat. (Muskelkater, Gelenkschmerzen und evtl. sogar Schwielen inklusive)

74. Einen Komposthaufen anlegen

Beim Kompostieren werden Pflanzenreste und Gartenabfälle mit Hilfe kleiner Lebewesen in fruchtbare Komposterde (Humus) umgewandelt. Als Dünger ist diese Erde sehr wertvoll, da sie viele dem Boden entzogene Stoffe enthält.

Der Komposthaufen sollte schattig und windgeschützt stehen und muss mit dem Boden verbunden sein, damit die Bodenlebewesen und Insekten auch Zugang haben. In einer Schaufel Humus leben durchschnittlich 1,5 Milliarden Bakterien, Pilze und Algen, 50.000 Nematoden, 200 Springschwänze, 150 Milben, 25 Tausendfüßler, Insekten, Käfer und Spinnen sowie zwei Regenwürmer.

Am besten gelingt die Verrottung, wenn der Komposthaufen erdfeucht ist, deshalb muss er manchmal gewässert werden. Wichtig ist auch die Einhaltung einer Reihenfolge: Auf Küchenabfälle (aber keine Speisereste oder Eierschalen, das könnte Ratten anlocken) folgt gemähtes Gras, dann altes Laub und Pflanzenreste, dann wieder Gemüseschalen, Kaffeesatz usw. Verholzte Teile werden auf 5 cm gekürzt und zur Durchlüftung in Lagen dazugegeben.

Der Haufen sollte nicht höher und breiter als jeweils 1,5 m werden, weil sonst die Durchlüftung nicht mehr gewährleistet ist.

Mit Hilfe älterer Komposterde kann der Kompostiervorgang beschleunigt werden, oder der Haufen wird nach drei Monaten umgesetzt. Dass die Erde fertig ist, merkt man daran, dass keine Lebewesen mehr darin herum krabbeln, weil alles umgewandelt ist.

Fertige Komposterde muss feucht gehalten werden und wird deshalb mit Laub oder Gras abgedeckt.

75. Eleganter Komposthaufen

In einem runden Weidenkorb Pflanzenreste sammeln.
Einen solchen Korb selbst zu flechten ist gar nicht so schwer: Dazu mehrere ca. 2 cm starke Äste kreisförmig in den Boden schlagen (Durchmesser des Korbes ca. 70 cm), dann mit Weidenruten immer abwechselnd vor und hinter den Ästen entlangflechten. Achten Sie darauf, dass der Abstand zwischen den einzelnen Ruten nicht zu groß wird.

76. Gartengeräte

Hier sehen Sie eine Auswahl an Gartengerätschaften und
Werkzeugen, die Sie gut gebrauchen können:

Gartenhacke,
drei Zinken

Gartenschlauch

Gießkanne

Gartenschere

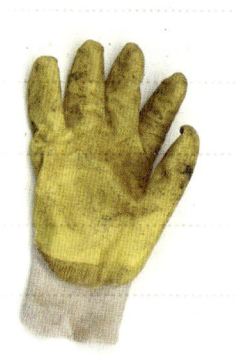
Arbeitshandschuh

kleiner Grubber

Schubkarre

Rechen

Gartenschaufel

Harke

Gartenhacke, 2 Zinken

Kartoffelgabel

77. Die Nützlichkeit von Unkraut kennenlernen

Dass bestimmte wild wachsende Pflanzen oder Blumen Heilwirkungen haben oder essbar sind, haben Sie schon in den vorangegangenen Kapiteln erfahren können. Wie man aus scheinbaren Unkräutern Schädlingsbekämpfungsmittel brauen kann, verrate ich Ihnen im Kapitel Tiere. Hier können Sie sich mit weiteren Verwendungsmöglichkeiten von Unkräutern vertraut machen. Also, wenn Sie sie herausreißen, dann können Sie sie auch noch für etwas anderes verwenden.

Quecke:

Scheinbares Unkraut mit in Vergessenheit geratener Heilwirkung: getrocknete und zerstoßene Queckewurzel (gesammelt im Frühjahr vor der Halmbildung) mit frischem Brennesselkraut mischen. 1 TL von dieser Mischung als Tee hilft gegen hartnäckige Harnwegsinfektionen. Dafür über mehrere Wochen 2 mal tägl. frischen Tee zubereiten und 10 Min. ziehen lassen.
Außerdem hilfreich gegen: Bronchitis, Gicht, Rheuma, Stoffwechselerkrankungen, Menstruationsbeschwerden, als Umschläge gegen Hautunreinheiten.

Klette:

Altbekanntes Hausmittel zur Blutreinigung und gegen Hautunreinheiten.
Klettenöl gegen Kopfschuppen: 6 EL feingeschnittene Wurzel in eine dunkle Flasche geben, mit Sesamöl auffüllen, drei Wochen am Fenster in der Sonne stehen lassen und täglich schütteln, danach abseihen und weiterhin dunkel aufbewahren. Zur Anwendung in die Kopfhaut einmassieren.
Klettenwasser gegen Hautunreinheiten: 2 TL feingeschnittene Wurzel mit 1/2 l kaltem Wasser aufgießen und 5 Std. stehen lassen, danach einmal kurz aufkochen und die betroffenen Stellen mehrmals tägl. damit waschen.

MELDE, auch wilder Spinat genannt:

Die Blätter werden vor der Blüte gesammelt und getrocknet und können als Tee zur Blutreinigung und Anregung der Leber-, Nieren-, Lungen- und Blasenfunktion verwendet werden (1/2 TL für eine Tasse)
Früher wurde Melde als Spinat gegessen, soll aber bei manchen Menschen zu Hautausschlag führen.

ACKERSCHACHTELHALM:

Hilft bei Blasen- und Stoffwechselerkrankungen, Gicht und Rheuma. Zum Gurgeln bei Entzündungen im Mund- und Rachenraum.
Tee aus 1 EL Kraut 5 Min. kochen und 10 Min. ziehen lassen (in Kombination mit anderen Kräutern erträglicher Geschmack), 3 Tassen tägl. über mehrere Wochen trinken; nicht über längere Zeit anwenden.
Vorsicht beim Sammeln, es gibt auch giftige Schachtelhalmarten.

WEISSE TAUBNESSEL:

Ist ein bewährtes Hausmittel, das als Tee traditionell gegen Menstruationsbeschwerden oder prämenstruelles Syndrom eingesetzt wird und auch die Stärke der Blutung regulieren soll. Der Tee erleichtert das Husten, hilft bei Schlaflosigkeit und ist ebenso lindernd bei Magenentzündungen. Für den Tee verwendet man die Blüten. Es gibt auch rotblühende Taubnesselarten. Früher nahm man an, dass die weiße Nessel mehr den Frauen hilft und die rote besser für die Männer ist.

Einen natürlichen Dünger, der dazu noch sehr preiswert ist, können Sie mit etwas Geduld und Geruchstoleranz selbst herstellen. Dafür zerkleinern Sie so viele frische Pflanzen, bis Sie einen Plastikeimer locker damit füllen können. Besonders gut wird die Pflanzenjauche, wenn Sie Brennnesseln verwenden, es geht aber auch mit anderen „Unkräutern" wie Kamille, Löwenzahn oder Hirtentäschel. Der Eimer wird mit Wasser gefüllt und täglich umgerührt, damit Luft an die Pflanzenteile kommen kann. Ziemlich bald fängt die Brühe an zu stinken und Blasen zu werfen. Das ist genau das richtige Zeichen. Wenn die Blasen verschwunden sind, färbt sich die Jauche dunkelbraun und ist fertig (stinkt aber immer noch).

Für die Verwendung als Dünger müssen Sie die Jauche mit der zehnfachen Menge Wasser verdünnen, so dass sie die Farbe hellen Tees bekommt. Dann gießen Sie diesen natürlichen Dünger in regelmäßigen Abständen auf den Boden unter Ihren Pflanzen, niemals auf die Pflanze. Der unangenehme Geruch verliert sich übrigens bereits nach kurzer Zeit.

Schöner leben im Garten

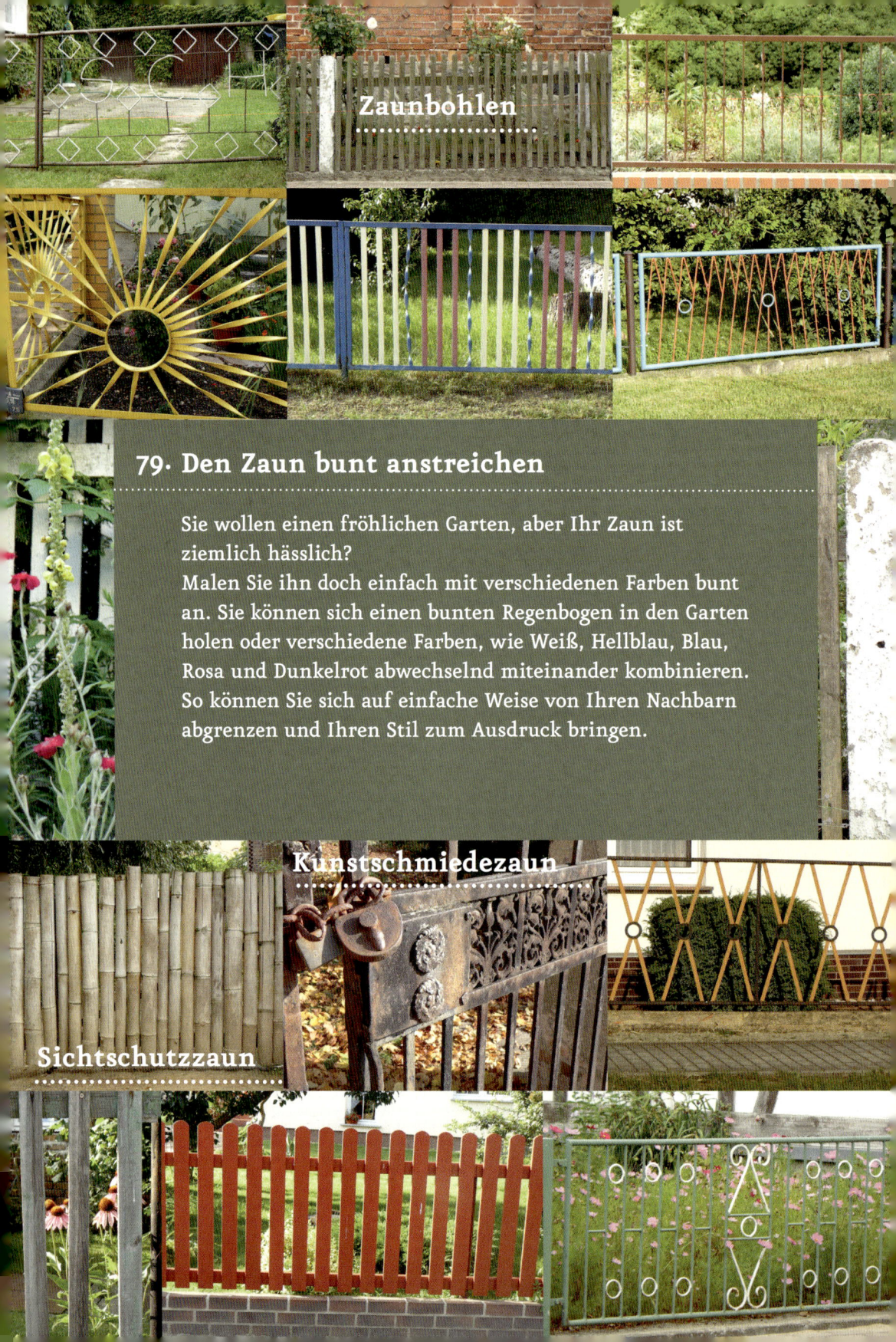

Zaunbohlen

79· Den Zaun bunt anstreichen

Sie wollen einen fröhlichen Garten, aber Ihr Zaun ist ziemlich hässlich?

Malen Sie ihn doch einfach mit verschiedenen Farben bunt an. Sie können sich einen bunten Regenbogen in den Garten holen oder verschiedene Farben, wie Weiß, Hellblau, Blau, Rosa und Dunkelrot abwechselnd miteinander kombinieren. So können Sie sich auf einfache Weise von Ihren Nachbarn abgrenzen und Ihren Stil zum Ausdruck bringen.

Kunstschmiedezaun

Sichtschutzzaun

Maschendrahtzaun

Wiesenzaun

80. Zaunsammlung

Wenn Sie nicht der Einzige in Ihrer Gartenkolonie, Ihrem Dorf oder Stadtteil sind, der einen witzigen Zaun hat, dann legen Sie sich doch eine Sammlung an!
Fotografieren Sie die kuriosesten Zäune und gestalten Sie damit ein Album. Prämieren Sie den schrägsten, skurrilsten, hässlichsten, geschmackvollsten oder aufwendigsten Zaun. Das schärft die Aufmerksamkeit und macht zudem Spaß. Laden Sie doch Nachbarn und Freunde ein, auch eine Sammlung anzulegen: Die schrägsten Bäume, die wildesten Ranken, die schönsten verrosteten Regenrohre …

Jägerzaun

Metallzaun

Staketenzaun

81. Mode im Garten für die Frau

Auch im Garten können Sie gut angezogen sein.

82. Laternen und Fackeln aufstellen

Wenn es Abend wird, kommt die Zeit für Fackeln und Laternen. Damit können Sie eine warme und stimmungsvolle Atmosphäre schaffen. Sie können bestimmte Bereiche besonders hervorheben, indem Sie dort besonders viele Fackeln aufstellen oder in einer Ecke nur Lampions einer bestimmten Farbe, zum Beispiel blaue, verwenden. Wenn Sie Lampions mit echten Kerzen anzünden, darf es nicht windig sein.

Wenn Sie lange Stöcke aufheben, können Sie diese für selbst gemachte Fackeln verwenden.
Sie brauchen dafür außerdem:

* Zeitungspapier oder ungefärbten Baumwollstoff

* Reste von Kerzen,

* Je 2 Meter groben Bindfaden oder Paketschnur aus Naturmaterial (Vorsicht, die ist heute manchmal aus Plastik).

Wickeln Sie 3–4 Lagen Papier um das obere Ende des Stockes (Abb. 1) und darum fest und dicht die Schnur.

Oben können Sie ein kleines Stück zum Anzünden herausschauen lassen. (Abb. 2)

Rechts finden Sie die weiteren Schritte.

Achten Sie beim Abbrennen darauf, dass nichts Brennbares in der Nähe ist und auch die Blätter der Bäume ausreichend Abstand zur Flamme haben.
Es wäre schade um sie.

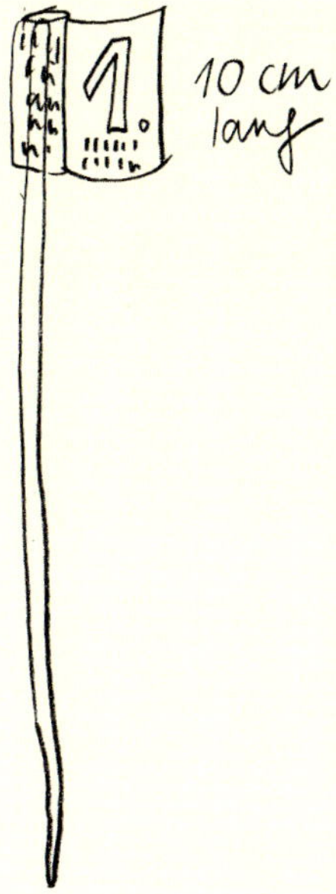

10 cm lang

1.

2.

In einer Dose oder einem alten Topf Wachs erhitzen und mit einem Borstenpinsel auf die Schnur streichen. Sie soll sich erst mal richtig vollsaugen. Dann tragen sie so viel Wachs auf, bis die Schicht 2 cm dick ist.
Das obere Stück zum Anzünden muss auch wachsgetränkt sein, sie können es auch direkt in die Dose halten.
Am besten lassen sich die Fackeln im Freien herstellen, sie sollten auch darauf achten, das Wachs nicht so heiß werden zu lassen, weil es auch giftige Dämpfe ausdünsten kann.

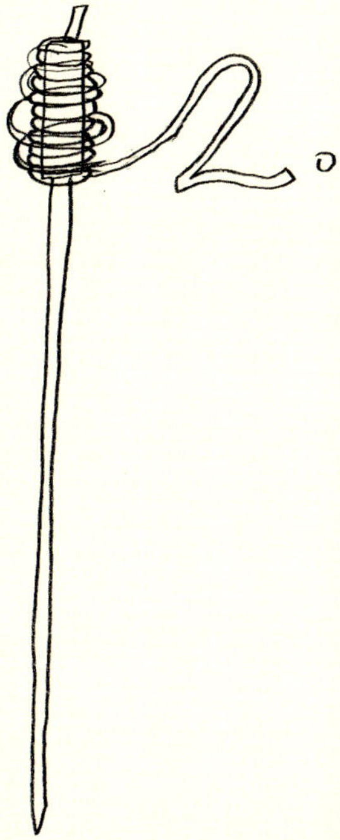

3.

nicht zu heiß

4.

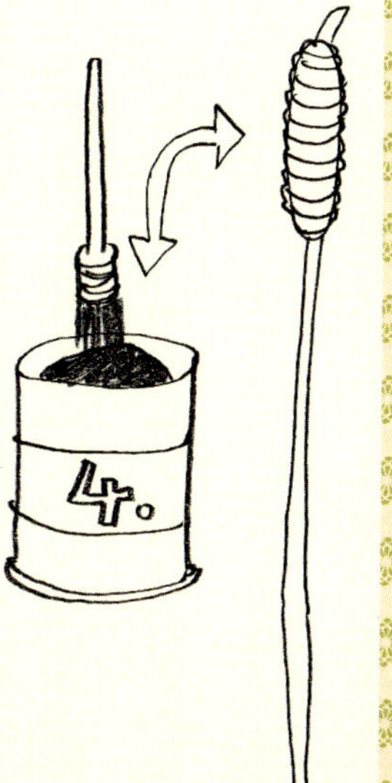

83. Eine Hängematte aufhängen

Hängematten sind der beste Ort zum Träumen im Garten. Hier kann man lesen, entspannen, dem Gras beim Wachsen oder den Insekten beim Summen zuhören, sich leicht im Wind wiegen, durch die Blätter in die Sonne blinzeln oder Tiere beobachten. Am besten hängen Sie die Hängematte zwischen zwei Bäume, die etwa 2,5–3 m voneinander entfernt stehen, dann hängt sie auch gleich im Schatten. Es gibt aber auch Metallgestelle, in die die Träumschaukel gehängt werden kann. Wenn Sie nur einen Baum haben, können Sie auch einen Hängesessel anbringen.

84. Einen Abendsitzplatz gestalten

Gestalten Sie sich einen besonderen Sitzplatz für die Abend-
stunden. Sicher wollen Sie auch abends noch gemütlich im Garten
sitzen und den Sommer genießen. Am besten geeignet für einen
schönen Abendplatz sind windgeschützte Nischen, auf die die
späte Abendsonne scheint. Wenn Sie in die Nähe dieses Platzes
Blumen pflanzen, die nachts einen angenehmen Duft verströmen,
wie Nachtkerzen oder Levkojen, erleben Sie eine besondere
Geruchsvorstellung.

Einen romantischen Abendsitzplatz können Sie z.B. unter einem
Apfelbaum einrichten. Auf einfache Holzpaletten können Sie
haufenweise Kissen und Decken legen, stellen Kerzen dazu, und
schon fühlen Sie sich wie im Orient. Sie können sogar noch ein
großes Stück Stoff und ein sanft klingendes Windspiel in den
Baum hängen, dann wird der Ort noch bezaubernder.

Vor Mücken schützt ein Moskitonetz.

85. Mode im Garten für den Mann

Der Herr kann sich mit den neusten Geräten ausstatten ...

Rasenkanten-
trimmer

Rasenmäher

Heckenschere

Häcksler

86. Herbstlieder singen

Bunt sind schon die Wäl-der, gelb die Stop-pel fel der,

und der Herbst be-ginnt. Ro-te Blät-ter fal-len,

grau-e Ne-bel wal-len, küh-ler weht der Wind.

Bunt sind schon die Wälder,
gelb die Stoppelfelder
und der Herbst beginnt.
Rote Blätter fallen,
graue Nebel wallen,
kühler weht der Wind.

Wie die volle Traube
an dem Rebenlaube
purpurfarbig strahlt!
Am Geländer reifen
Pfirsiche mit Streifen
rot und weiß bemalt.

Flinke Träger springen
und die Mädchen singen,
alles jubelt froh!
Bunte Bänder schweben
zwischen hohen Reben
auf dem Hut von Stroh.

Geige tönt und Flöte
bei der Abendröte
und im Mondesglanz;
junge Winzerinnen
winken und beginnen
frohen Erntetanz.

Text: Johann Gaudenz von Salis-Seewis
– 1782
Musik: Johann Friedrich Reichardt – 1799

Es war eine Mutter
die hatte vier Kinder
den Frühling, den Sommer
den Herbst und den Winter

Der Frühling bringt Blumen
der Sommer den Klee
der Herbst, der bringt Trauben
der Winter den Schnee

Text und Melodie: anonym

87. Buchstabenschablonen

Wenn Sie diese Buchstaben auf feste Pappe übertragen oder kopieren und dann mit einem Cutter ausschneiden, bekommen Sie ein wunderbares Beschriftungsalphabet, mit dem Sie Gegenstände in Ihrem Garten verschönern können. Dazu legen Sie die Schablone auf die Kiste, den Stuhl, den Zaun oder auch auf Stoff und tragen entweder Acryl- oder Textilfarbe mit einem kurzen Schablonierpinsel auf. Benutzen Sie dafür nicht allzu viel Wasser, damit nichts unter die Schablone läuft, und tragen Sie die Farbe von innen nach außen auf.

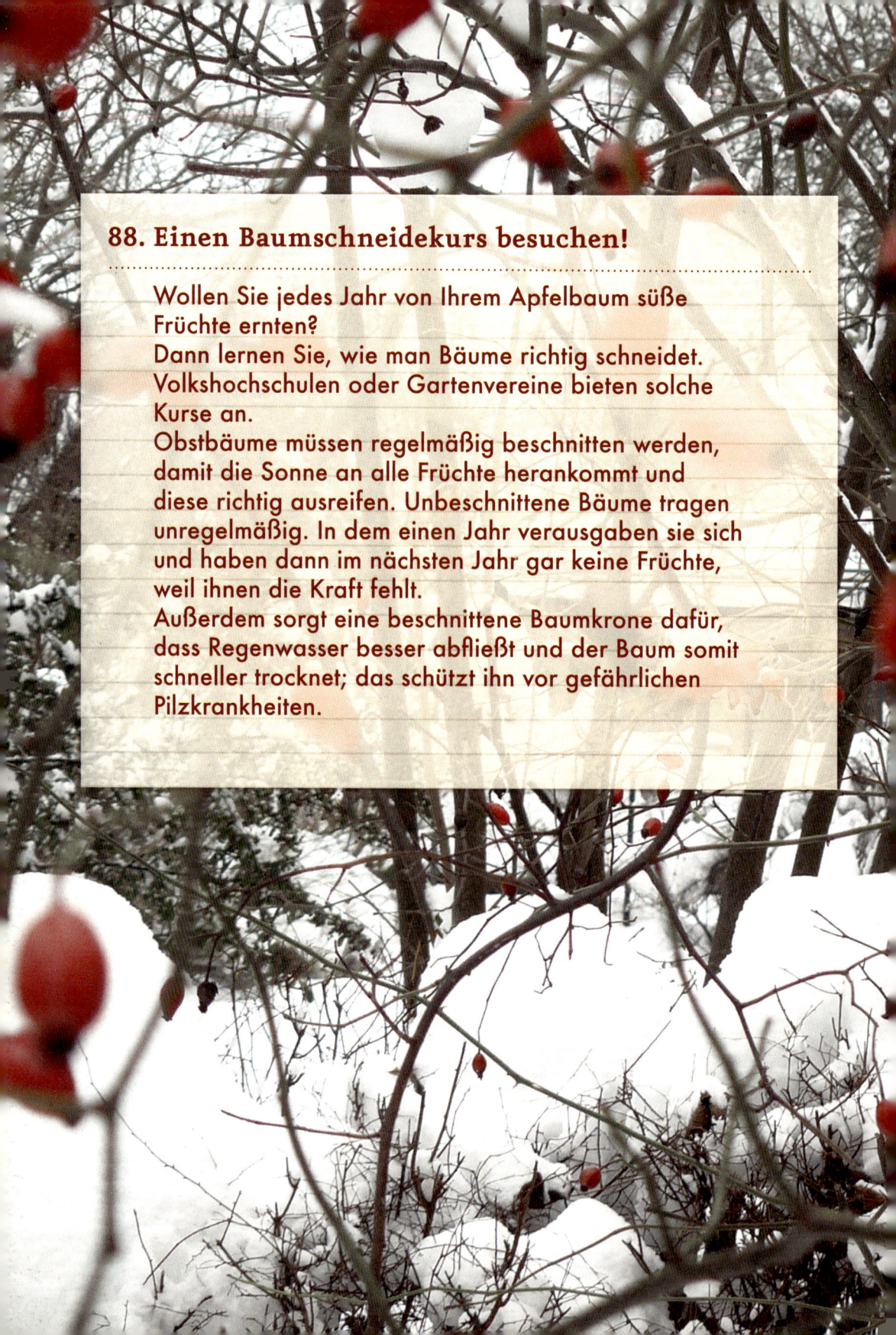

88. Einen Baumschneidekurs besuchen!

Wollen Sie jedes Jahr von Ihrem Apfelbaum süße Früchte ernten?

Dann lernen Sie, wie man Bäume richtig schneidet. Volkshochschulen oder Gartenvereine bieten solche Kurse an.

Obstbäume müssen regelmäßig beschnitten werden, damit die Sonne an alle Früchte herankommt und diese richtig ausreifen. Unbeschnittene Bäume tragen unregelmäßig. In dem einen Jahr verausgaben sie sich und haben dann im nächsten Jahr gar keine Früchte, weil ihnen die Kraft fehlt.

Außerdem sorgt eine beschnittene Baumkrone dafür, dass Regenwasser besser abfließt und der Baum somit schneller trocknet; das schützt ihn vor gefährlichen Pilzkrankheiten.

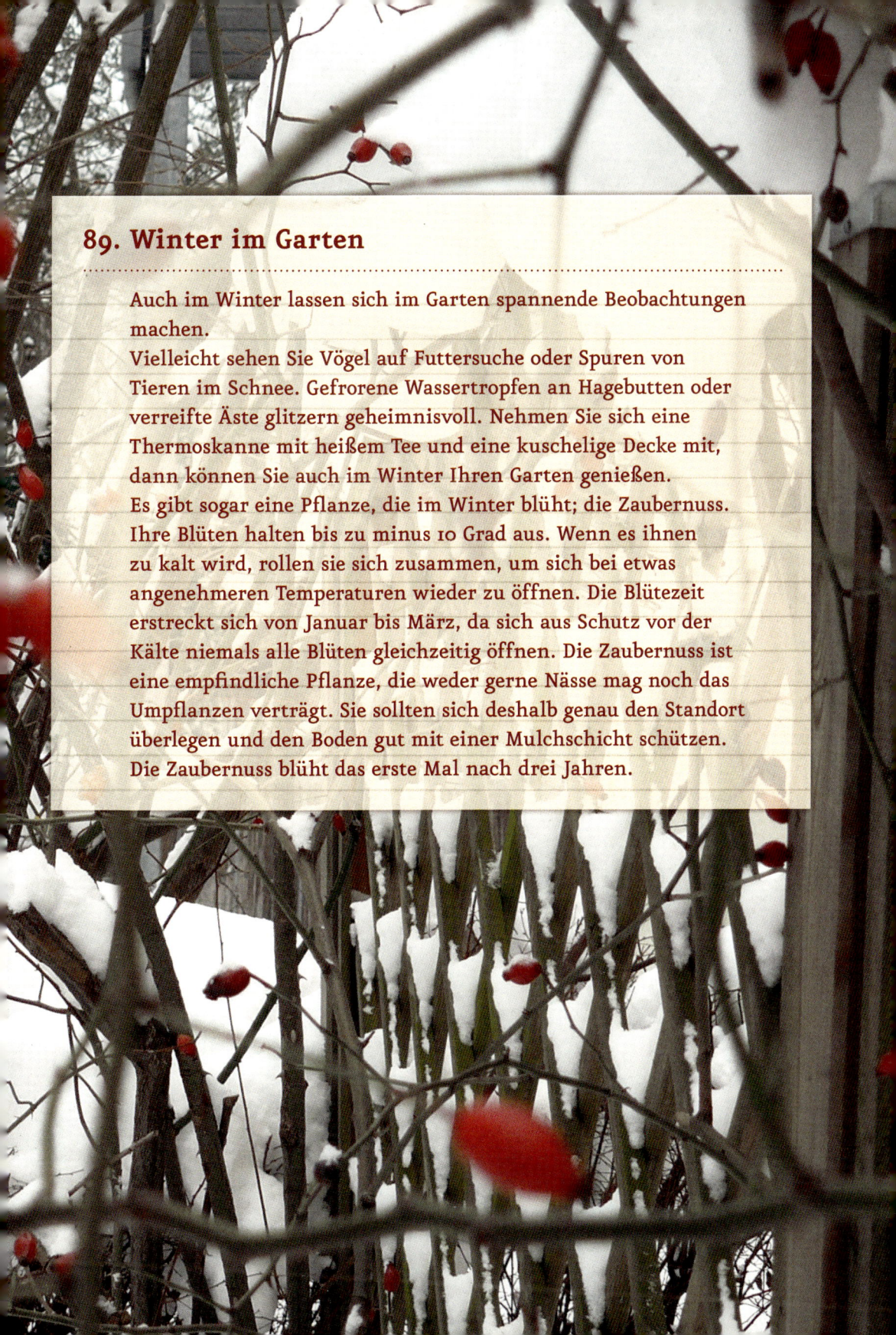

89. Winter im Garten

Auch im Winter lassen sich im Garten spannende Beobachtungen
machen.
Vielleicht sehen Sie Vögel auf Futtersuche oder Spuren von
Tieren im Schnee. Gefrorene Wassertropfen an Hagebutten oder
verreifte Äste glitzern geheimnisvoll. Nehmen Sie sich eine
Thermoskanne mit heißem Tee und eine kuschelige Decke mit,
dann können Sie auch im Winter Ihren Garten genießen.
Es gibt sogar eine Pflanze, die im Winter blüht; die Zaubernuss.
Ihre Blüten halten bis zu minus 10 Grad aus. Wenn es ihnen
zu kalt wird, rollen sie sich zusammen, um sich bei etwas
angenehmeren Temperaturen wieder zu öffnen. Die Blütezeit
erstreckt sich von Januar bis März, da sich aus Schutz vor der
Kälte niemals alle Blüten gleichzeitig öffnen. Die Zaubernuss ist
eine empfindliche Pflanze, die weder gerne Nässe mag noch das
Umpflanzen verträgt. Sie sollten sich deshalb genau den Standort
überlegen und den Boden gut mit einer Mulchschicht schützen.
Die Zaubernuss blüht das erste Mal nach drei Jahren.

Tiere im Garten

1 August

90. Tiere beobachten

Wenn Sie Tiere in Ihrem Garten beobachten und erleben möchten, können Sie dafür aktiv einige Dinge tun.

Vögeln können Sie Nistplätze und Tränken anbieten und sie mit selbst gemachtem Futter herbeilocken.

Schmetterlinge und Hummeln brauchen eine Wildblumenwiese oder eine wilde Ecke, in der es auch Brennesseln gibt und die nur 2 mal im Jahr gemäht wird.

Holzhaufen oder Laubhügel dienen als Schlupfwinkel und Winterquartier für viele verschiedene Tiere, wie Igel und Spitzmaus. Deshalb ist es wichtig, totes Holz und Laubreste im Winter an einer Stelle im Garten zu lassen, damit diese Tiere dort überwintern können.

Steinhaufen bieten Unterschlupf für Eidechsen, Kröten und Blindschleichen. Eine Kröte kann bis zu 30 Jahre alt werden und verschlingt Unmengen von Schnecken und Raupen in ihrem Leben. Auch Blindschleichen lieben Schneckeneier und Jungschnecken.

Mögliche »wilde Ecken« sind
Holz- oder Laubhaufen.

Schädlingsbekämpfung auf natürliche Art

Es bleibt nicht aus, dass Ihr Garten früher oder später von kleinen unbeliebten Tierchen besucht wird. Sie können aber etwas dagegen tun, ohne gleich die chemische Keule zu schwingen. Wenn Sie Ihren Garten für Vögel, Schmetterlinge und Marienkäfer attraktiv machen, haben Sie schon einen Schritt in die richtige Richtung getan.
Hier finden Sie noch ein paar Rezepte gegen die kleinen Plagegeister, damit diese Ihren Pflanzen keinen großen Schaden zufügen. Alle Mittel füllt man in leere Blumenspritzen und besprüht die befallenen Stellen.

91. Schmierseifenwasser:

In 1 l heißem Wasser eine Messerspitze Schmierseife auflösen, gut rühren, bis keine Flocken mehr darin herumschwirren (man kann auch noch einen kleinen Schuss Brennspiritus dazugeben). Wenn das Wasser abgekühlt ist, füllt man es in eine Blumenspritze.
Es hilft auch gegen Spinnmilben und Weiße Fliege. Schmierseifenwasser hilft ebenso gegen Blattläuse, muss dafür aber drei Tage nacheinander angewendet werden.

92. Brennesselwasser:

Einen Eimer Wasser mit frischen, in grobe Stücke geschnittenen Brennesseln füllen (Handschuhe!!!) und 24 Stunden abgedeckt stehen lassen, dann durchsieben und umfüllen. Die Brennhaare der Nessel enthalten ein Gift, das gegen Blattläuse hilft.

93. Mehlkleister gegen Spinnmilben:

100 g Mehl in 1 l Wasser rühren, bis keine Klümpchen mehr da sind, dann unter Rühren aufkochen. Die Masse muss vom Löffel tropfen und noch flüssig sein. Wird sie zu fest, gibt man noch mehr Wasser dazu.
Nach dem Abkühlen umfüllen und auf die Milben auftragen.

94. Schachtelhalmtee gegen Pilzerkrankungen:

100 g frischen Schachtelhalm oder 1 TL getrocknetes Schachtelhalmpulver in 1 l Wasser 30 Min. kochen, durchsieben, mit einem weiteren Liter Wasser verdünnen und gut durchrühren.

Pilze gehören weder zu den Pflanzen noch zu den Tieren, sondern sind eine eigene Kategorie.

95. Ameisen umsiedeln

Haben Sie viele grüne Blattläuse? Ja, das kommt leider häufig vor. Wenn es zu viele Blattläuse gibt, sind meist die Ameisen daran schuld, die diese regelrecht züchten, weil sie einen leckeren Saft produzieren, der von der Ameise sehr geliebt wird. Wenn die Blattlaus genügend Pflanzensaft getrunken hat, wird sie von der Ameise so lange gestoßen, bis sie einen Safttropfen absondert. Lecker!!!
Also muss man die Ameisen umsiedeln: Man stellt einen Blumentopf auf das Ameisenloch und wartet zwei Tage, bis die Ameisen ihre Eier und Larven in den dunklen und warmen Topf getragen haben. Dann kann man den Topf an eine andere Stelle, z.B. zum Kompost tragen.

96. Einen Maulwurf akzeptieren

Sie denken bestimmt: Dieses freche kleine Tier macht mir meine schöne Wiese kaputt und hinterlässt überall unschöne Hügel.

Ja, das stimmt, aber der Maulwurf ist extrem nützlich für die Natur. Er frisst am Tag eine Insektenmenge, die der Hälfte seines Körpergewichts entspricht. Er vernichtet also jede Menge Larven, Raupen und Würmer, und das ist doch was, oder? Seine Erdhaufen enthalten wunderbar frische Erde für Blumentöpfe.

Ein Maulwurf ist fast immer aktiv auf Nahrungssuche, er gräbt 5,5 Stunden und schläft 3,5 Stunden. Wenn er 12 Stunden nichts zu fressen bekommt, stirbt er an Erschöpfung.

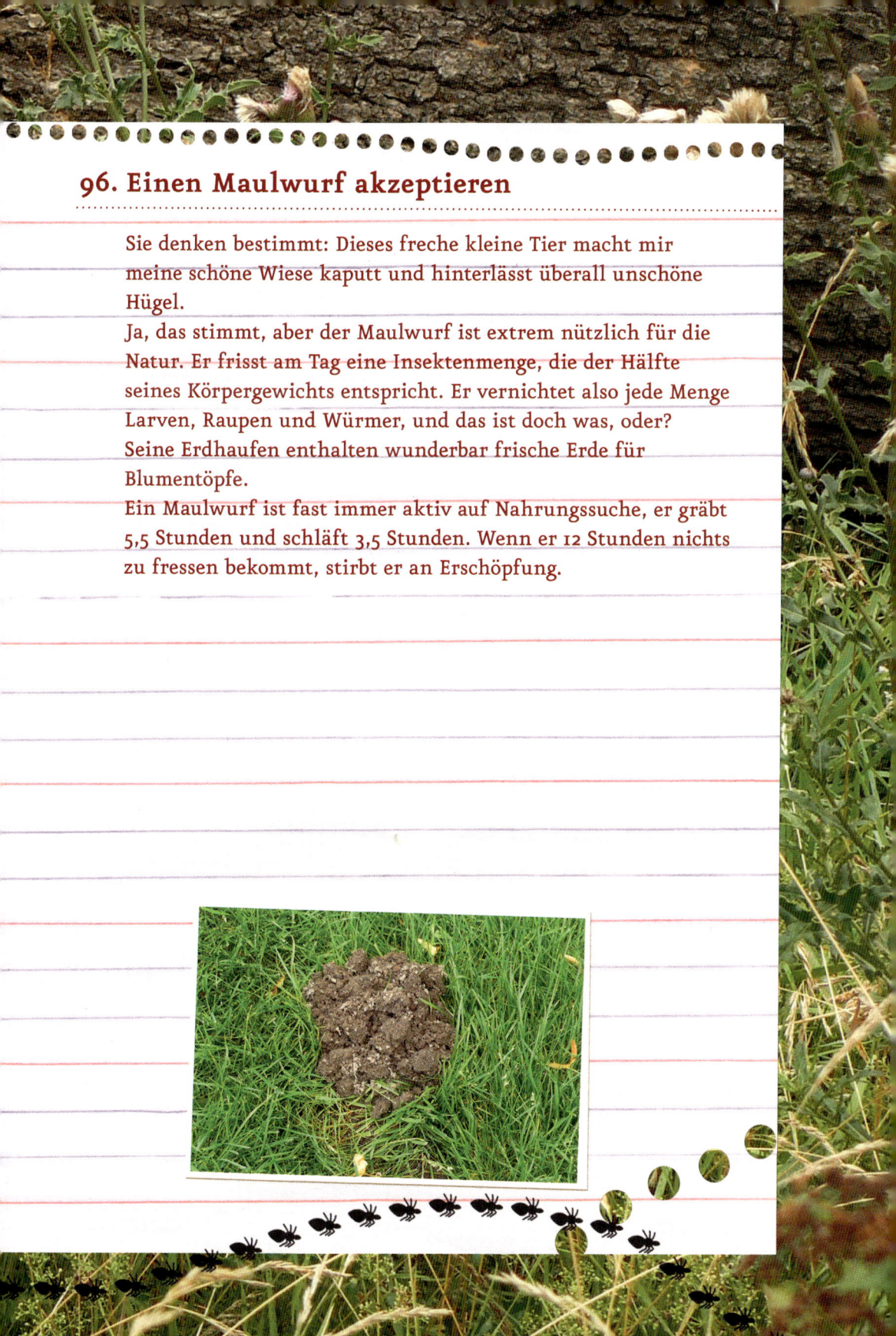

Rotkehlchen

junge Rauchschwalbe

Amsel

Weiße Bachstelze.

Blaumeise

Buntspecht

Hausspatz

Singdrossel

Hausrotschwanz

Kleiber

Buchfink

Rauchschwalbe

97. Die wichtigsten Singvögel

Damit Vögel gerne in den Garten kommen, brauchen sie einen alten Baum zum Nisten und eine Wasserstelle. Außerdem kann man zusätzliches Futter anbieten und Nistkästen bauen. Wenn die Vögel etwas im Garten finden, kommen sie auch immer wieder vorbei und lassen sich beobachten.

Vögel sind im Winter manchmal auf zusätzliches Futter angewiesen, wenn es sehr kalt ist. Aber auch im Sommer nehmen sie es gerne.

Die am häufigsten beobachteten Vögel 2009

1. Hausspatz bzw. Sperling
2. Amsel
3. Kohlmeise
4. Star
5. Blaumeise
6. Mehlschwalbe
7. Mauersegler
8. Grünfink und Buchfink
9. Hausrotschwanz
10. Rotkehlchen
11. Rauchschwalbe
12. Bachstelze (Quelle: Nabu, Stunde der Gartenvögel)

Star

M MEHLSCHWALBE
stahlblau mit mehl-
weißer Unterseite und
nur leicht gegabeltem
Schwanz (Die Rauchschwalbe
hat einen längeren, gegabelten
Schwanz und eine rostrote Kehle)

Die Blaumeise ist kleiner als
die Kohlmeise und hat einen
himmelblauen Scheitel und
einen gelben Bauch ohne
Streifen

SINGDROSSEL
Oberseite olivbraun,
Unterseite gelblich-weiß
und braun getropft
frißt Insekten, Schnecken
Würmer und Beeren ...
Die Schwarzdrossel mit
gelbem Schnabel kennt man
besser als AMSEL

KLEIBER
Oberseite blaugrau, Unterseite
rötlich gelb, kurzes Schwanz,
kann als einziges kopfabwärts
Bäume herunterklettern.

98. Eine Sonnenblume als Vogelfutter

Wenn Sie in Ihrem Garten Sonnenblumen züchten, haben
Sie auch gleich das ideale Futter, um Vögel anzulocken.
Alle Körner, die nicht gleich vor Ort gefressen werden,
können Sie trocknen und im Winter in selbst gemachtem
Vogelfutter verarbeiten.

Grünfink

99. Vogelfutter selbst gemacht:

Folgende Samen und Körner essen Vögel gerne:
Gerste,
Weizen,
Haferflocken,
Hanfsamen,
Hirsesamen,
Sonnenblumenkerne,
außerdem Erdnüsse oder alte Äpfel.

Vorsicht vor gesalzenen oder gewürzten Körnern oder Fertigmischungen; Letztere enthalten oft Ambrosiasamen, eine Pflanze, die sich in Europa ausbreitet und sehr allergen ist.

Rezept für selbstgemachtes Vogelfutter:

150 g Kokosfett
oben genannte Körner
mehrere Stück Seile oder Kordel

Erhitzen Sie vorsichtig das Fett in einem Topf (Vorsicht: Zu starke Hitze verursacht Gestank) Rühren Sie eine Mischung aus verschiedenen Körnern und Samen in das Fett, so dass eine dicke Masse entsteht. Mit einem Spritzer Speiseöl können Sie vermeiden, dass das Gemisch zu hart wird und bröckelt. Wenn die Masse fast abgekühlt aber noch nicht hart ist, formen Sie mit beiden Händen Kugeln daraus. Das Seil arbeiten Sie dabei so mit ein, dass Sie es später zum Aufhängen verwenden können.

Manche Vögel sind Weichfutter-fresser und essen keine Körner außer Haferflocken und Mohn. Dazu gehören Amseln, Drosseln, Stare, Zaunkönige, Rotkehlchen. Diesen Vögeln können Sie auch getrocknete Rosinen anbieten.

100. NISTKASTENBAU

Materialbeschreibung

1: Grundfläche, 12 cm, 2: Deckel 12 x 20,6 cm,
3: Nägel 3,8 cm, 4: 2 x Haken und Ösen, 5: ein Stück
Leder oder Gummi als Scharnier, 6: Rückseite 12 x 50 cm,
7: Vorderseite 12 x 26,5 cm mit Einflugloch 28 mm ø,
8: Seitenteil 12 x 26,5 bzw 31 cm
Alle Bretter sollten ca. 15 mm stark sein.

Geschlossene Nistkästen ersetzen kleine Baumhöhlen. Sie werden gerne von Blau- und Kohlmeisen benutzt. Das Flugloch darf nicht größer als 2,8 cm sein, sonst passen auch Spatzen oder Stare hindurch, außerdem sollte es mit Metall verstärkt werden, damit es nicht von Eichhörnchen geöffnet werden kann.

Die einzelnen Bretter laut nebenstehender Maßangabe zusägen und die Seitenwände mit Nägeln an der Grundfläche befestigen. In die Rückfläche müssen zwei Löcher zum Aufhängen gebohrt werden. Dann werden Rück- und Vorderseite an die Seiten genagelt. Am Deckel befestigt man einen Streifen Leder und erhält, nachdem man ihn auch an der Rückwand befestigt hat, ein Scharnier zum Öffnen. Mit Haken und Öse lässt der Deckel sich verschließen.

Der Nistkasten sollte so aufgehängt werden, dass die Jungvögel nicht gestört werden und er im Herbst gereinigt werden kann.

Der Nistkasten darf nur mit ungiftigen Holzschutzmitteln behandelt werden und sollte mit Kitt wasserfest gemacht werden. Zur Sicherheit kann man noch Abflusslöcher in den Boden bohren.

Baut man den Kasten so, dass die Vorderseite nur ca. 1/3 Höhe hat und der Deckel fest genagelt wird, erhält man einen Kasten für Halbhöhlenbrüter. Dazu gehören Hausrotschwanz, Rotkehlchen und Zaunkönig.

101. Vogeltränke

Vögel, die nur trockene Samen essen, brauchen dazu Wasser zum Trinken. Außerdem kann ein Vogelbad für Kühlung während der heißen Sommertage sorgen. Die Vögel planschen gerne darin herum. Stellen Sie eine flache Schale aus Ton oder Porzellan auf; das kann ein Topfuntersetzer oder ein alter tiefer Teller sein. Sie können auch ein Vogelbad aus Sandstein wählen oder einen kleinen Brunnen errichten, es gibt auch Vogeltränken auf Ständern, dann lassen sich die Vögel besser beobachten.
Das Vogelbad ist für die Vögel aber nur gesund und erholsam, wenn Sie die Schale regelmäßig säubern und das Wasser austauschen.

102. Marienkäfer

Marienkäfer gelten nicht nur als Glücksbringer, sondern sind die idealen Verbündeten im Kampf gegen Blattläuse. Ein Marienkäfer schafft es am Tag um die 150 Blattläuse aufzufuttern. In Deutschland gibt es über 70 Marienkäferarten. Mit etwas Glück können Sie einige davon in Ihrem Garten locken. Der häufigste ist der Siebenpunkt-Marienkäfer, die Zahl der Punkte zeigt nicht das Alter, sondern die Art an.

Die imposanten Käferchen werden ca. ein Jahr alt und schaffen 80 Flügelschläge in der Sekunde.

Vielleicht kennen Sie auch einen der anderen Namen, die in verschiedenen Gegenden verwendet werden: Gotteskäfer, Sonnenkäfer, Marienkälbchen, Goldschäfchen, Himmelmietzchen, Glückskäfer, Motscheküpchen.

Anhang

Zuerst die Auflösung der giftigen Planzen:

1. Maiglöckchen: Alle Pflanzenteile sind stark giftig.
2. Fingerhut: Alle Arten sind stark giftig, aber die Blüten zum Glück weniger.
5. Schöllkraut: hochgiftig
6. Oleander: stark giftig, aber die Blätter schmecken zum Glück sehr bitter
9. Rainfarn;
10. Lebensbaum, auch Thuja genannt: giftig
12. roter Sonnenhut, Heilpflanze, ungekocht schwach giftig
14. Eibe, (Taxus), alle Teile sind hochgiftig, auch die Samen, aber das rote Fruchtfleisch nicht
15. Engelstrompete, stark giftig, schon der Geruch kann Kopfschmerzen auslösen.
16. Herbstzeitlose

folgende Abbildungen sind nicht giftig:

4. Tellerhortensie; 7. Thymian; 8. Wicke

Weitere Infos unter: http://www.gifte.de/Giftpflanzen/Laien
http://www.boga.ruhr-uni-bochum.de/Giftpflanzen.html

Es gibt zum Thema Garten zahllose Webseiten unterschiedlichster Qualität. Folgende Internetseiten sind gut gemacht:

- Zum Thema Stadtteilgarten: http://prinzessinnengarten.net/
- Zum Thema seltene Gemüse: www.kochende-gaerten.de
- Zum Thema offene Gärten: www.offene-gartenpforte.de/ www.offene-gaerten-berlin-umland.de
- Über die ersten Schrebergärten: www.kleingarten-museum.de
- Die offizielle Homepage aller Gartenfreaks in England: www.rhs.org.uk (Royal Horticultural Society)
- Für schöne Gestaltungsideen: www.livingathome.de
- Zum Thema besondere Gärten: www.eghn.org/ (europäisches Gartennetzwerk) www.garten-der-sinne.de

http://www.kbwn.de/html/blindengarten.html
- Zum Bau einer Kräuterspirale:
www.mein-schoener-garten.de/de/gartenpraxis/nutzgarten/
bauanleitung-fuer-eine-kraeuterspirale-50496
- Zum Thema naturnahes Gärtnern:
http://www.nabu.de/
http://www.nabu.de/oekologischleben/balkonundgarten/

Wenn Sie weiterführende Literatur suchen, empfehle ich die folgenden Bücher:

- Andreas Barlage u.a.: Quickfinder Gartenpraxis. München, 2007
- Robert Burton: Vogeltreffpunkt Garten. Gütersloh, 1991
- Claudia u. Reinold Fischer: Mein grosses Gartenbuch. Illustrationen von Hildburg Thiemeyer, Ravensburg, 1990
- Alys Fowler: Alys Gartenland: Garten ist, was du draus machst. Stuttgart, 2009
- Claudia Lanfranconi, Sabine Frank: Die Damen mit den grünen Daumen. München, 2008
- Marie-Luise Kreuter: Der Biogarten: Das Original. Mit Pflanzen-schutz-Kompass. München, 2009
- Marie-Luise Kreuter: Kräuter und Gewürze aus dem eigenen Garten: Naturgemäßer Anbau, Ernte, Verwendung. München, 2009
- Hanni Reichenvater: Hausmittel und Heilkräuter im Jahreslauf. Graz, 2001
- The Royal Horticultural Society: Die neue Gartenenzyklopädie, München, 2008
- John Seymour: Das neue Buch vom Leben auf dem Lande. München, 2010

Danksagung

Ich bedanke mich ganz herzlich bei allen, die ihr Wissen mit mir geteilt haben, mich tatkräftig beim Entstehen dieses Buches unterstützt haben und in deren Gärten ich fotografieren durfte.

Mein Dank gilt besonders:

- meinen Eltern Bernd und Elisabeth für Fotos von Gartenzäunen, Blumen und Igeln, sowie tolle alte Bücher und viele Kräuter und Blumen; usw.
- Kay und Ellen vor allem für die Anleitung zum Gewächshausbau;
- Familie Thonack senior für einen tollen Garten mit allen Obst- und Gemüsesorten;
- Stephan und Tilla, Flitzi und allen anderen aus Neukamern für Anregungen, tolle Blumen und Gartengeräte;
- Klaus und Germana für viele, viele Anregungen, Rezepte und Pflanzentipps;
- Anja vor allem für die Kräuterspirale;
- Anngret, Antje, Christel für Blumen- und Kräutertipps;
- Stanzi für eine riesige Wiese zum Laubharken;
- Kai, ohne den ich das alles sowieso nie geschafft hätte;
- meinem Sohn Elias für schöne Gartenschilder;
- Momo für tolle Pflanzgefäße;
- Anna für das Foto von Bruno mit Äpfeln;
- Julia für die tolle Beratung beim Layout (ebenso Dank ans Atelier petit4);
- meiner Agentin Barbara Küper;
- dem Gerstenberg Verlag für die Ermöglichung dieses Projektes und die Unterstützung bei der Umsetzung;
- außerdem: Nicola, Rike, Heike, Marcus, Marko, Danny, Bianca und falls ich jemanden vergessen habe, sorry.

Die Fotos entstanden 2009/10 in privaten Gärten in Leipzig, Sewekow, Drochow, Neu Kamern, Kostebrau, Wittstock, Neu Kaliß, Speichrow, Berlin sowie auf der Landesgartenschau in Oranienburg, in den Gärten der Welt Berlin-Marzahn, in Planten und Blomen Hamburg und im Fürst-Pückler-Park Branitz. Die Kinder auf den Fotos sind: Elias, Edda, Felicitas, Bruno, Imme, Anne-Marie und Rosa.

Besuchen Sie auch das blog zum Buch:
http://meinwunderbaresgartenbuch.blogspot.com